TINITA

Leslie Patiño

Teacher of Spanish
D'Evelyn Jr./Sr. High School
Denver, Colorado

AMSCO SCHOOL PUBLICATIONS, INC.
315 Hudson Street, New York, N.Y. 10013

Cover and text design by A Good Thing, Inc.

Text illustrations by Tony D'Adamo

Please visit our Web site at: *www. amscopub.com*

When ordering this book, please specify *either* **R 238 P** *or* TINITA

ISBN 978-1-56765-811-8
NYC Item 56765-811-7

Printed in the United States of America
1 2 3 4 5 6 7 8 9   12 11 10 09 08 07

Preface

*T*inita is the story of a teenage girl from Monterrey, Mexico, whose family immigrates to Denver, Colorado. The move uproots Tinita from her home, her country, her culture and language, her school and friends, in short, everyone and everything that is important to her. While the character of Tinita will tell you that she was born in Monterrey, *Tinita*, the novel, came into being because of a limited school budget and a teacher's desire to give intermediate students something fairly authentic that they could read in Spanish and find interesting, without having to expend too much time and energy struggling with linguistic or cultural challenges.

The book consists of fifteen chapters. Students can read one per week over a semester or the entire book can be used as a single unit. It can be used with intermediate students whose native language is English or with heritage students who are in a Spanish class to learn to read and write their native language. The storyline should appeal to both groups, a particular advantage if the teacher has a single class with both types of students.

A uniform format of activities is followed throughout each chapter of the book. The pre-reading portion contains key vocabulary and **Ejercicios de prelectura**, which require students to use the vocabulary in context, **Para leer mejor** focuses on building target-language reading skills, and **Para tu información**, which provides vital cultural, geographic, historical, or other pertinent information. The actual story portion of each chapter ranges between approximately 800-1000 words. The post-reading activities begin with **Preguntas de comprensión**, which stress basic comprehension of the reading. These are followed by the more open-ended **Discusión** and / or **Diálogos** and **Para escribir**, speaking and writing activities. Finally, each chapter closes with **Para investigar**, which allows students to further explore matters related to the particular chapter. Teachers can pick and choose which of these activities to use according to the needs of the students and the time limitations of the class. The **Glosario** at the end of the book, provides English translations of vocabulary that may be difficult for intermediate students. The Answer Key includes a brief listening comprehension activity for each chapter that can be read by the teacher.

Tinita would not have become who she is in this published version without the input of Hugo Patiño, María Teresa Patiño de Bustani, Ana Teresa Bustani Patiño, Marta Vigil, Beth Giulianelli and, especially, of Wigberto Rivera, who I have come to value as a wonderful editor and person during the adventure of bringing Tinita to literary life.

¡Qué disfruten la vida y las aventuras de Tinita!

Leslie Patiño

La familia de Tinita

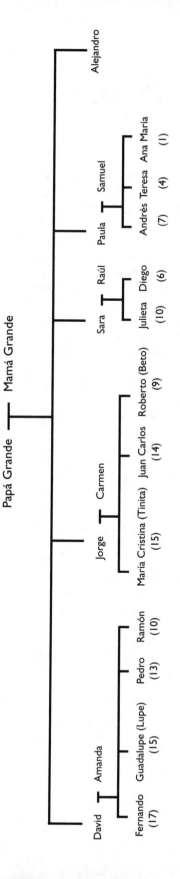

Papá Grande — Mamá Grande

Alejandro

Paula — Samuel
Andrés (7) Teresa (4) Ana María (1)

Sara — Raúl
Julieta (10) Diego (6)

Jorge — Carmen
María Cristina (Tinita) (15) Juan Carlos (14) Roberto (Beto) (9)

David — Amanda
Fernando (17) Guadalupe (Lupe) (15) Pedro (13) Ramón (10)

* Los números indican la edad de los jóvenes cuando la familia de Tinita inmigró a los Estados Unidos de América.

Contents

1
Monterrey

Vocabulario

prelectura *pre-reading*

mudarse *to move, change residence*

adelantarse *to get ahead of one's self*

el año escolar *school year*

el kínder *kindergarten*

la primaria *elementary school* (grades K to 6th)

la secundaria *junior high, middle school* (grades 7-9)

la preparatoria (prepa) *high school* (grades 10-12)

la universidad *university*

el cuento, la historia *story*

el negocio *business*

en contra *against*

o sea *in other words*

al principio *in the beginning*

en medio *in the middle*

al final *at the end*

el mesero *waiter*

la propina *tip*

postergado *postponed*

EJERCICIO DE PRELECTURA

A. *Usa el vocabulario para contestar las siguientes preguntas.*

1. Por lo general, ¿en cuál escuela está un estudiante a los
   (a) 19 años? _____
   (b) 17 años? _____
   (c) 13 años? _____
   (d) 8 años? _____

2. La conclusión de un cuento es el _____.

3. El inicio de un cuento es el _____.

4. Si un cuento tiene cinco capítulos , el tercer capítulo es el _____ de la historia.

5. Para expresar «en otras palabras», se dice _____.

Para leer mejor

Recuerda que hay estrategias que te pueden ayudar a leer en otra lengua. Primero, ¿qué significa «saber» una palabra? En realidad, hay diferentes niveles (*levels*) de «saber». El nivel más alto es cuando puedes usar una palabra perfectamente bien y sin pensar al hablar o al escribir. Por supuesto, también, si la lees u oyes, la entiendes bien. A veces hay palabras que oyes o lees y sabes qué significan, pero no son palabras que usas al hablar o escribir. Luego, hay palabras menos conocidas que al oír o leer, las puedes entender solamente por el contexto. Cuando lees en español y encuentras una palabra que no conoces, solamente necesitas entenderla en el contexto. Y no necesitas saber la traducción exacta de cada palabra. Primero, fíjate en (*pay attention to*) el título del libro, cuento o capítulo para determinar de qué va a tratar (*to be about*) el texto. También es útil estudiar el vocabulario y la información de prelectura.

Al leer el texto la primera vez, léelo sin parar (*without stopping*), tratando de entender la información básica. Después, usa las preguntas de comprensión para entender más detalles (*details*). Mientras contestas las preguntas, busca en el glosario o en un diccionario las palabras que no entiendas. Recuerda que el español y el inglés comparten (*share*) muchos cognados (*cognates*), que puedes entender fácilmente. Está bien si no sabes una que otra palabra (*a word here or there*). Después de contestar las preguntas y buscar el vocabulario, vuelve a leer el texto sin parar. Ahora es más fácil, ¿no?

Para tu información

Monterrey es la tercera ciudad más grande de México, después de México, D.F. y Guadalajara. Monterrey es la capital del estado de Nuevo León y está situada al noreste de México. Es una ciudad muy moderna, grande e industrial, donde hace bastante calor durante la mayoría del año. Hay varias universidades en Monterrey, entre otras, el Instituto Tecnológico y de Estudios Superiores, conocido también como el ITESM o, simplemente, «el Tec».

Monterrey

¡Hola! Yo soy María Cristina Garza Martínez. Todos en mi familia me dicen «Tinita». Tengo diecisiete años y vivo en Denver, Colorado. Nací en Monterrey, México, y allí viví hasta casi los quince años. Luego, mi familia se mudó a Denver.

El cambio no fue tan grande para mí como para muchos mexicanos que vienen a los Estados Unidos porque yo ya hablaba un poco el inglés. En Monterrey, yo siempre estudié en escuelas privadas, desde la primaria hasta el primer año de prepa. Comparados con muchas escuelas en los Estados Unidos, estos colegios son estrictos y bastante exigentes. Las clases de inglés comenzaban en el kínder. ¡Y qué bueno! Cuando las empecé, no me imaginaba que después viviría en los Estados Unidos.

¿Por qué se mudó mi familia de Monterrey a Denver? Pues, como muchos mexicanos, vinimos porque en los Estados Unidos hay muchas más oportunidades de trabajo. ¿Y por qué vinimos a Denver y no a Los Angeles, Nueva York o San Antonio, ciudades donde hay muchos inmigrantes mexicanos? Otra vez, tengo que decir que como muchos mexicanos, nos mudamos a una ciudad donde teníamos parientes. Mis tíos David y Amanda ya vivían en Denver con sus cuatro hijos. Pero, no quiero adelantarme, les voy a contar toda la historia desde el principio.

Mi tío David es el hermano mayor de mi papá, que se llama Jorge. Ellos trabajaron juntos antes en un restaurante de Monterrey. Por muchos años, el abuelo Garza, «Papá Grande» tuvo un restaurante. Se llamaba «El Taco Norteño» porque Monterrey está en el norte de México. El abuelo murió de un ataque al corazón cuando tenía solamente cincuenta y ocho años. El había tenido cinco hijos con mi abuela: tres hombres y dos mujeres. Cuando Papá Grande murió, todos discutieron la situación.

— Como soy el mayor, — dijo mi tío David — pienso que debo continuar con el negocio del restaurante.

Mi padre, el segundo hijo, estaba en su primer año en el Tec de Monterrey, una universidad muy buena, cuando murió Papá Grande.

— Jorge, tú debes seguir con tus estudios — dijo Mamá Grande.

— Sí, es verdad — dijo una de sus hermanas.

— ¡Claro que es verdad! — dijeron dos más.

Por supuesto, mi padre no podía opinar en contra de su madre o de sus hermanos. Además, a él le gustaba estudiar. Pero, desafortunadamente, la familia tenía muchos gastos y muchas cuentas por pagar.

Cuando terminó el año escolar, tío David y Papá decidieron que Papá iba a pasar un año trabajando en el restaurante, y regresaría después a sus estudios. A mi abuelita no le gustó nada esa idea, y hasta se ofreció a lavar platos y a cocinar en el restaurante. En fin, ella era muy buena cocinera. Eso era la verdad: Mamá Grande era una cocinera excelente. Por supuesto, Papá Grande nunca le permitió trabajar. El decía que ganaba suficiente dinero para mantener a su familia; que su mujer, o sea su esposa, necesitaba trabajar en la casa y estar allí para sus hijos. Desde que se casaron mis abuelos, Mamá Grande nunca trabajó fuera de la casa. Tío David y Papá sabían lo que pensaba Papá Grande, así que le dijeron a su mamá que no era necesario que trabajara en el restaurante.

Mi padre trabajaba fuerte y por muchas horas. Empezó como mesero. Papá atendía a los clientes con mucha dedicación. Además, él era muy cómico y simpático. Pronto, muchos de los clientes regulares empezaban a llegar y pedir una mesa en la sección del «joven mesero, Jorge». Muchas veces le daban propinas generosas. Eventualmente, papá empezó a encargarse de todas la mesas. Papá siempre quería todo muy bien hecho. El restaurante siempre estaba muy limpio y bonito. Los meseros eran amables y atendían muy bien. El tío David era el jefe en la cocina, donde la comida tenía que ser tan buena como el servicio en el comedor. Juntos, los dos administraban el negocio. Y los estudios universitarios de mi papá fueron postergados para siempre.

Cuando Papá Grande murió, tío David ya estaba casado con mi tía Amanda y tenían un hijo. Cinco años después, tenían tres. Papá y Mamá ya se habían casado y tenían dos hijos. Dos hermanos menores de Papá todavía estaban en la universidad y la familia tenía que pagarles los estudios. Además estaba Mamá Grande... ¡Tenían que ganar mucho dinero en el restaurante para mantener a toda la gente! Papá y mi tío trabajaban mucho, pero nunca había suficiente dinero.

PREGUNTAS DE COMPRENSIÓN

A. *Contesta las preguntas, según la información de la historia.*

1. ¿Cuál es el nombre completo de la narradora?
2. ¿Cuál es su apodo (*nickname*)?
3. ¿Cuántos años tiene ella?
4. ¿Dónde vive hoy día?
5. ¿Dónde nació?
6. ¿Cuántos años tenía cuando su familia se mudó?
7. ¿En qué tipo de escuelas estudiaba la narradora en Monterrey?
8. ¿Cómo eran estas escuelas?
9. ¿Dónde hay mejores oportunidades de trabajo, en México o en los Estados Unidos?
10. ¿Por qué emigró a la ciudad de Denver la familia de Tinita?
11. ¿Qué era «El Taco Norteño»?

12. ¿Cómo murió el abuelo de Tinita?

13. ¿Cómo se llamaba la universidad donde estudiaba el padre de Tinita?

14. ¿Por qué no siguió estudiando el papá?

15. ¿Por qué no trabajó Mamá Grande en el restaurante?

16. ¿Qué trabajo hacía el padre de Tinita cuando empezó a trabajar en el restaurante?

17. ¿Por qué era bueno para el trabajo?

18. ¿Qué trabajo tenía el tío David en el restaurante?

19. ¿Cuándo murió Papá Grande, estaba casado el padre de Tinita?

20. Cinco años después, ¿qué problema constante tenía la familia?

B. *Escribe la letra de la palabra o frase que mejor completa cada oración.*

1. Tinita es una
   (a) niña.
   (b) joven.
   (c) señora.

2. Monterrey es
   (a) una ciudad pequeña.
   (b) más grande que Guadalajara.
   (c) bastante industrial.

3. Comparando las escuelas en México con las de los Estados Unidos, Tinita opina que las de los Estados Unidos son
   (a) más estrictas.
   (b) menos estrictas.
   (c) mejores.

4. El Instituto Tecnológico y de Estudios Superiores de Monterrey es
   (a) un restaurante.
   (b) un negocio.
   (c) una universidad.

5. El padre de Tinita
   (a) tiene varios hermanos.
   (b) es hijo único.
   (c) es el hijo mayor de su familia.

6. El padre de Tinita

   (a) se graduó de la universidad.

   (b) es un buen cocinero.

   (c) es cómico.

7. Por su nombre, el restaurante parece ser de comida

   (a) mexicana.

   (b) italiana.

   (c) china.

8. Al final del capítulo, los padres de Tinita tienen

   (a) un hijo.

   (b) dos hijos.

   (c) tres hijos.

C. *Explica la relación de cada persona con Tinita.*

   1. David   _____

   2. Amanda   _____

   3. Jorge   _____

   4. Papá Grande   _____

   5. Mamá Grande   _____

DISCUSIÓN ORAL

1. Como muchos estudiantes en México, Tinita empezó a estudiar inglés en el kínder. ¿Crees que a esa edad los estudiantes americanos deberían empezar a estudiar otra lengua? ¿Por qué estudian más años de lenguas en México que en los Estados Unidos ?

2. ¿Qué opinas de la actitud del abuelo de Tinita, Papá Grande, de que la esposa no debe trabajar afuera de la casa, sino que debe trabajar en el casa y estar allí para su esposo e hijos?

3. Los regiomontanos, personas de Monterrey, se sienten orgullosos (*are proud*) de ser del norte de México, o sea, norteños. Igualmente, otras personas en otras partes del país sienten orgullo de ser del D.F., de Guadalajara, del sur, etc. Cada región tiene ciertas características, diferentes palabras, comidas y costumbres. ¿Existen estas diferencias en los Estados Unidos? ¿Crees qué había más o menos diferencias en los Estados Unidos hace 100 años? ¿Piensas que habrá más o menos diferencias regionales en los Estados Unidos dentro de 100 años? Explica tu respuesta.

4. Estudiar y trabajar al mismo tiempo no es tan común en México

como en los Estados Unidos. Hay menos trabajos de tiempo parcial (*part-time*). ¿Tienes un empleo? ¿Cuántas horas a la semana trabajas? ¿Es difícil trabajar y estudiar al mismo tiempo? ¿Piensas trabajar mientras estudias, si vas al la universidad? ¿Crees poder estudiar a tiempo completo (*full-time*) y trabajar a tiempo completo en la universidad? ¿Cuáles actividades tendrías que dejar de hacer (*to stop doing*)?

DIÁLOGOS

1. Trabajando en grupo, inventa un diálogo en el restaurante. Podría ser entre Jorge y un(os) cliente(s), entre Jorge y su hermano David, entre David y un cocinero, etc.

2. Trabajando en grupo, crea un diálogo entre miembros de la familia. Discute qué hacer con el restaurante ahora que ha muerto Papá Grande. Los personajes podrían ser algunos de los hermanos y podrían incluir a Mamá Grande o a Tinita.

3. Trabajando en grupo, crea un diálogo entre inmigrantes mexicanos en los Estados Unidos. Recuerda lo que dijo Tinita en el tercer párrafo de la historia y discute adónde vas a ir y por qué.

PARA ESCRIBIR

1. Escribe sobre tu escuela primaria. ¿Cómo se llamaba? ¿Dónde estaba? ¿Cuántos años estudiaste allí? ¿Qué materias (asignaturas) estudiabas? ¿Cómo se llamaban algunos de tus amiguitos? ¿Cómo eran tus amigos? ¿Cómo eran tus maestros? ¿Te gustaba la escuela? ¿Recuerdas alguna experiencia cómica, triste, difícil, inolvidable?

2. ¿Has viajado a otro país? Escribe de tus experiencias. ¿Dónde viviste? ¿Adónde viajaste? ¿Cuánto tiempo pasaste allí? ¿Tuviste que aprender otra lengua? ¿Qué fue difícil para ti? ¿Cómo te fue con la comida, el clima, las costumbres, la gente? ¿Qué aprendiste de ti mismo? ¿Te gustaría volver allí?

3. Empezando «en medio del cuento», como Tinita, escribe el primer capítulo de la historia de tu vida. ¿Dónde vives hoy día? ¿Cómo son tu familia, tus amigos, tu escuela, tu casa, tu nivel socio económico? Menciona una experiencia importante que cambió tu vida.

PARA INVESTIGAR

1. Habla con uno de tus abuelos u otra persona mayor sobre las actitudes en los Estados Unidos hacia las mujeres y los trabajos afuera de la casa hace 50 años o más. ¿Cómo era diferente de hoy día?

2. En el Internet, busca información sobre la ciudad de Monterrey y sobre «el Tec,» el Instituto Tecnológico y de Estudios Superiores de Monterrey (ITESM). La dirección electrónica del Tec es: www.itesm.mx.

2
Hermanos y primos

Vocabulario

el recreo *recess*

el diminutivo *diminutive (small) form*

molestarle *to bother someone*

el salón *classroom*

el cacahuate *peanut*

pegar *to hit*

tocarle *to be one's turn*

el cumpleañero *birthday person*

la cuerda *rope*

la rama *branch*

el brinco *jump*

agarrar *to grab*

la velita *little candle*

el parque acuático *water park*

la buena seña *good sign*

estar en contra *to be against*

la confianza *confidence*

el tobogán *water slide*

quedarse *to stay*

animarse *to get up one's nerve*

el platillo *dish*

EJERCICIOS DE PRELECTURA

A. *Usa el vocabulario para completar las siguientes oraciones.*

1. El niño cumplía un año, y su mamá había hecho un pastel con una _____.
2. En el recreo, las niñas brincaban una _____.
3. Ese árbol es muy grande y tiene muchas _____.
4. Mi apodo es Paco. El _____ es «Paquito».
5. En nuestro _____ de español, hay mapas de Hispanoamérica.

B. *Escoge el verbo correcto y escríbelo en el pretérito o el imperfecto según el contexto.*

A José le fascinaba Marisol, pero era tan bonita que José no podía

PAPÁ

FERNANDO

MAMÁ

LUPE

JUAN CARLOS

BETO

PEDRO

RAMÓN

MAMÁ GRANDE

TÍO DAVID

TÍA AMANDA

TINITA

hablar con ella. Un día, él _____ a hablarle. De
1. (pegar / animarse)

repente, un muchacho alto lo _____ por el brazo y le
2. (agarrar / tocarle)

_____. ¡Ay! Era el novio de Marisol. El novio le dijo
3. (estar en contra / pegar)

a José:—¡No le hables más a mi novia!—Afortunadamente para José,

Marisol oyó y dijo que ella _____ de la violencia y ya
4. (tocarle / estar en contra)

no quería ser novia de un hombre tan violento. Entonces, se fue con
José, dejando al ex-novio solo con sus recuerdos.

Para leer mejor

A veces, al leer un texto en otra lengua, empiezas bien, entiendes todo,
pero al final de un párrafo, de una página, o del cuento, ya no entiendes
qué está pasando y no sabes por qué. Un posible problema puede ser
los verbos. Reconoces (*you recognize*) un verbo y sabes la traducción
del infinitivo, pero no sabes exactamente la traducción del tiempo
(*tense*) en que se usa en el texto. Si eso te pasa a ti, hay dos cosas
importantes que necesitas hacer. Primero, necesitas darte cuenta
(*realize*) que es un problema. Después, necesitas aclarar (*to clarify*) el
significado. Por ejemplo, lees, «Mamá Grande le estaba preguntando a
cada nieto qué había aprendido en la escuela la semana pasada.» Sabes
que **aprendido** viene del infinitivo **aprender**, que significa *to learn*.
Claro, has visto **había**, pero no sabes exactamente qué significa. Así
empiezan los problemas. La siguiente actividad te puede ayudar.

Expresa los siguientes verbos en inglés. Nota que **yo** es el sujeto
(**subject**) en todos los verbos.

1. aprendo
2. estoy aprendiendo
3. aprendí
4. aprendía
5. estaba aprendiendo
6. he aprendido
7. había aprendido
8. aprenderé
9. aprendería

Para tu información

A. Grados Centígrados — En los países de habla hispana, excepto
   Puerto Rico, se usa el sistema Centígrado o Celsius en vez del

(*instead of*) Fahrenheit. ¿Conoces la fórmula de conversión de grados? ¿En las siguientes temperaturas, tendrías calor o frío?

1. 53°C
2. 1°C
3. 9°C
4. 39°C

Si en el futuro vas a estudiar o vivir en un país que usa grados centígrados, es conveniente memorizar algunas conversiones. Por ejemplo:

5. 0°C = 32°F
6. 10°C = 50°F
7. 20°C = 68°F
8. 30°C = 86°F
9 40°C = 104°F

B. Por lo general, la gente en Hispanoamérica no se muda de una ciudad a otra tan frecuentemente como la gente en los Estados Unidos. En Hispanoamérica es bastante típico tener abuelos, tíos o primos viviendo en la misma ciudad, y las familias extendidas son muy unidas. Muchas familias se reúnen por lo menos una vez a la semana para comer o cenar. Un aspecto importante de estas comidas es la «sobremesa», la conversación después de la comida, que puede durar horas.

Hermanos y primos

Cuando yo tenía trece años, mi hermano Juan Carlos tenía doce. Nuestro hermano menor, Roberto, o Beto, tenía siete años. Mis tíos David y Amanda tenían cuatro hijos: Fernando (quince años), Lupe (trece años), Pedro (once años) y Ramón (ocho años).

Mis hermanos me molestaban mucho, sobre todo Juan Carlos. Cuando yo nací, mis padres me empezaron a llamar «Tina», un diminutivo de «Cristina». En español, a muchos niños se les llama con el diminutivo, o sea, poniendo «-ito» o «-ita» al final de sus nombres. A mí me decían «Tinita», Lupe era «Lupita», Beto era «Betito», etc. Un domingo, al final de la comida en la casa de Mamá Grande, ella le estaba preguntando a cada nieto qué había aprendido en la escuela la semana pasada. Cuando le tocó contestar a mi hermanito Juan Carlos, él sonrió y anunció:

— ¡Aprendí cómo se llama Tinita en inglés!

Hubo un silencio mientras todos esperaban la continuación.

— «Tina» es «*bathtub*». Entonces, mi hermana es una «*little bathtub*».

Con eso sonrió triunfante. A mí no me pareció nada cómico, pero los adultos se rieron también. Desde ese día, mis hermanos y mis primos, menos Lupe, me llaman «*Little Bathtub*». ¿Ves por qué me molesta tanto mi hermano?

En cambio, Lupe me encantaba. Ella y yo siempre estábamos juntas. Íbamos al mismo colegio, estábamos en el mismo salón, teníamos las mismas amigas. Lupe es solamente unas dos semanas mayor que yo. Mi cumpleaños es el 21 de julio y el suyo el 5 de julio. Nuestras mamás siempre nos hacían una sola fiesta de cumpleaños.

Cuando éramos muy chiquitas, era una fiesta familiar. Venían los tíos, los primos y Mamá Grande. Por supuesto, había una piñata muy bonita y llena de dulces y cacahuates. A nuestros hermanos les encantaba ver quien podía pegarle más fuerte. A Lupe y a mí siempre nos tocaba pegarle primero porque éramos las cumpleañeras. Luego seguía el niño más pequeño, y así continuaba, hasta finalmente el más grande. Nuestros papás controlaban la piñata con una cuerda sobre la rama del árbol grande en el patio de Mamá Grande. Para los chiquitos, movían la piñata muy poco; para los grandes, la piñata daba muchos brincos y la movían constantemente. Cuando por fin se rompía la piñata, todos corríamos para agarrar los dulces. Nuestras mamás hacían dos pasteles, mi mamá hacía uno para mí, y Tía Amanda hacía otro para Lupe. Antes de comer los pasteles, siempre se les ponían velitas y nos cantaban «Las mañanitas», la canción de cumpleaños típica de México.

Años más tarde, nuestras fiestas eran ya más para las amigas. Las hacíamos o en la casa de Lupe o en la mía. Cuando teníamos trece años decidimos que para nuestro siguiente cumpleaños queríamos una fiesta en «Aquamundo», un parque acuático en Monterrey. Lupe y yo hicimos grandes planes, pero luego hablé con mis padres.

— Tinita, una fiesta en Aquamundo costaría mucho más que una en casa — dijo Papá.

— Lo sé, Papá, pero va a ser una sola fiesta en vez de una para Lupe y otra para mí.

Vi que Mamá miraba a Papá esperando oír su próximo argumento. Eso era buena seña, pues ella no estaba en contra de la idea, tal vez. Papá no dijo nada.

— Y además, Papi, ya no tienen que gastar en piñatas ni dulces.

Vi que Papá estaba pensando. Yo sentía más confianza y hablaba más y más rápidamente.

— Y no nos tienen que comprar ningún regalo. Lo único que queremos Lupe y yo es la fiesta en Aquamundo.

Con eso, Papá y Mamá se rieron.

— Está bien. Está bien. Vamos a hablar con tus tíos. No te prometemos nada ahora, Tinita, más que hablar.

Nuestros papás sí nos permitieron hacer la gran fiesta, cosa que nos sorprendió un poco.

En Monterrey hace mucho calor en el verano. En una tarde típica de julio, la temperatura casi siempre está sobre los treinta y cinco grados centígrados o más. Una temperatura de cuarenta grados no es rara. Entonces, ir a una alberca (o sea, una piscina), es una actividad popular. Ir a «Aquamundo» es una ocasión especial para los niños y los jóvenes. Hay una enorme alberca, juegos, grandes toboganes, comida y mucha gente.

El día de la fiesta, muchas mamás se quedaron con los hermanos de nuestras amigas. Fue una tarde muy divertida para todos. Por supuesto habían venido mis hermanos Juan Carlos y Betito. Además, Juan Carlos había invitado a Pepe, su mejor amigo y Beto jugaba con nuestro primo Ramón. No querían estar solos con tantas niñas.

De noche, cenamos en casa de Mamá Grande, que no había ido a la fiesta porque hacía mucho calor para ella.

— Yo me subí al tobogán más grande que había, Abuelita — dijo Beto.

Al principio, Ramón tenía miedo de subirse, pero me subí yo y le dije a Ramón que parecía una de las niñas allí abajo.

— Y dile a Mamá Grande lo que te dijo una de las niñas — dije yo.

— ¿Qué dijo la niña? — preguntó Mamá Grande.

— Dijo: «Ya acaba de subirte, chiquito, que somos muchos los que estamos detrás de ti» — dije yo, riéndome.

— ¡Ya cállate, Little Bathub! — me dijo Beto, pero los adultos ya se estaban riendo.

Beto siguió con su cuento.

— Ramón tenía miedo, pero cuando me vio subir y bajar, se animó. ¡Nos montamos en el tobogán como doscientas veces!

— ¡Ay, Beto, no exageres! Se montaron como ocho veces.

¡Así eran mis hermanos y primos, siempre exagerando, siempre molestando!

PREGUNTAS DE COMPRENSIÓN

A. *Contesta las preguntas según la información de este capítulo.*

   1. ¿Cuántos años de diferencia había entre Tinita y su hermano Juan Carlos?

2. ¿Cuántos años de diferencia había entre Tinita y Beto?

3. ¿Cuál hermano molestaba más a Tinita?

4. ¿Cómo se puede traducir al inglés «Tinita»?

5. ¿Adónde querían ir Lupita y Tinita para su cumpleaños número catorce?

6. ¿Cuál fue la reacción inicial de los padres de Tinita?

7. ¿Por qué es popular en julio la alberca en Monterrey?

8. Además de las amigas que vinieron a la fiesta, ¿quiénes más se quedaron para la fiesta?

9. ¿Quién era Ramón?

10. ¿De qué tenía miedo Ramón?

11. ¿Cuántas veces dijo Beto que se montó en el tobogán?

12. ¿Cuántas veces dijo Tinita que Beto se montó?

B. *Según Tinita, ¿cuáles de las opciones en cada pregunta son ciertas?*

1. Tinita y Lupe hacían juntas la siguiente actividad:

   (a) ir al cine

   (b) celebrar sus cumpleaños

   (c) estudiar en el salón de clases

   (d) molestar a sus hermanos

2. Muchas veces, en las fiestas de cumpleaños de niños

   (a) hay una piñata.

   (b) hay pastel.

   (c) miran un video.

   (d) cantan «Las mañanitas».

3. En Aquamundo hay

   (a) playas.

   (b) toboganes.

   (c) juegos.

   (d) comida.

4. Los hermanos de Tinita

   (a) siempre la molestaban.

   (b) le ayudaban mucho.

   (c) exageraban sus cuentos.

   (d) iban a la misma escuela que ella.

DISCUSIÓN ORAL

1. La familia de Tinita es grande, con muchos tíos y primos. Habla en grupo con tus compañeros y describe a tu familia extendida. ¿Hay algún pariente muy especial para ti, como Lupe es para Tinita?

2. Los hermanos de Tinita la molestan mucho. Habla con tus compañeros acerca de tus hermanos (hermanas) y cuánto te molestan, si se pelean, por qué y cuándo se llevan (*get along*) bien o mal.

3. En general, son más comunes en Hispanoamérica que en los Estados Unidos las comidas y reuniones familiares y las fiestas de adolescentes con hermanos y madres presentes. ¿Cómo compara tu realidad? ¿Preferirías más o menos presencia de familiares y adultos en tus actividades? Explica tu respuesta.

DIÁLOGO

1. Tu(s) compañero(s) y tú son salvavidas (*lifeguards*) en «Aquamundo». En su diálogo, hablen de sus experiencias, de su rutina diaria, del clima y de los niños y los jóvenes que visitan ese parque acuático.

2. Trabajando en grupo, crea un diálogo entre un hijo (una hija) y su padre (madre), en el cual el hijo (hija) trata de convencer al padre (madre) de que le permita tener una fiesta de cumpleaños ideal. (El grupo debe tener un mínimo de 4 personas.)

3. En grupo, inventen un diálogo entre hermanos adultos durante la sobremesa.

PARA ESCRIBIR

1. Escribe sobre una fiesta de cumpleaños que tuviste de niño. ¿Cuántos años cumplías? ¿En dónde se celebró? ¿Quiénes asistieron a la fiesta? ¿Qué hicieron? ¿Qué comieron? ¿Qué regalos recibiste? ¿Pasó algo des agradable? ¿Cuál es tu mejor recuerdo del día?

2. Escribe de las comidas de tu familia extendida. Describe algunos de los parientes, los platillos típicos, los temas de conversación. ¿Dónde se reúnen? ¿Cuánto duran las comidas? ¿Qué hacen además de comer? ¿Disfrutas de las comidas? ¿Quién(es) disfruta(n) más?

¿Hay alguna comida en particular que recuerdas? ¿Por qué la recuerdas? ¿Crees que seguirán estas comidas familiares de aquí a diez o veinte años?

3. Escribe una carta a un estudiante de Monterrey en la cual describes las típicas actividades de verano para jóvenes en tu ciudad. ¿Qué hacen? ¿Adónde van? ¿Con quiénes van? ¿Cuánto dinero gastan? ¿Cuáles son los lugares más populares para los jóvenes? ¿Hay juegos deportivos, conciertos, cines o discotecas para bailar? ¿Qué actividades al aire libre hay? ¿Son populares los picnics, los días de campo? ¿Hay playas, albercas o montañas? ¿Hacen cosas con la familia?

PARA INVESTIGAR

1. Habla con dos o tres personas de otras culturas. Pregúntales cómo se celebran los cumpleaños en su cultura. ¿Se celebra con una fiesta? , ¿qué se come?, etc.

2. En el Internet, busca información sobre «Aquamundo» en *http://www.parqueplazasesamo.com*. También, mira el pronóstico del tiempo para Monterrey y otras ciudades en Hispanoamérica. Compara la temperatura en grados Farenheit y Centígrados.

3
Padres y tíos

Vocabulario

(bien) padre (adj.) *(really) cool, neat* (Mexican Spanish)

ahorrar *to save*

la quinceañera *girl turning 15;* **el quinceañero** *party for a girl turning 15*

la misa *Mass*

las damas *girls who accompany the quinceañera in the ceremony*

los chambelanes *boys who accompany the quinceañera in the ceremony*

el smoking *tuxedo*

el salón *dance hall, ballroom, large room for social activities*

el vals *waltz*

platicar *to talk, chat*

la botana *appetizer*

inesperado *unexpected*

estudiante de intercambio *exchange student*

extranjero *foreign*

EJERCICIOS DE PRELECTURA

A. *Completa las oraciones con el vocabulario apropiado.*

Cuando una chica en México cumple quince años, ella es la

_____. Por lo general, hay una _____
    1.   *2.*

especial para ella en la iglesia. La acompañan algunas de sus

amigas y parientes como sus _____. También la
                                         3.

acompañan unos amigos y hermanos o primos que son sus

_____. Después de la iglesia, todos van a un
   4.

_____ donde bailan y hacen una gran fiesta.
   5 .

Para leer mejor

En el Capítulo 2, hablamos de la importancia de entender los diferentes tiempos verbales. Los complementos (*object pronouns*) también pueden dificultar la comprensión a veces. ¡Ahora, un repaso rápido! Aquí siguen seis oraciones que contienen verbos con complementos. Expresa las oraciones en inglés.

1. Ellos le dicen «hola». Ella les dice «hola.»
2. A Rodrigo le parece una buena idea. Rodrigo se parece a su padre.
3. Él me molesta. Yo lo molesto. Él se molesta.
4. Gloria nos habla. Nosotros le hablamos a Gloria. Gloria se habla.
5. Yo te miro. Tú me miras. Yo me miro.
6. La mujer besa al hombre. Él la besa a ella. Ellos se besan.

Para tu información

A. Muchas muchachas mexicanas tienen una gran fiesta muy especial cuando cumplen quince años. Tradicionalmente, el cumpleaños número quince representa la transición de niña a mujer. Es un evento que las mujeres recuerdan por el resto de su vida.

B. Por lo general, en México se come tres veces al día, pero según la hora y la cantidad que se come, el nombre de la comida puede variar y confundir a un extranjero que no conozca las costumbres del país.

el desayuno: generalmente antes de las once de la mañana

el almuerzo: una comida ligera, alrededor del mediodía

la comida: comida principal y más grande del día, generalmente entre la una y las tres de la tarde

la merienda: comida ligera entre las cinco y siete de la tarde

la cena: comida en la noche, generalmente entre las siete y las diez

Padres y tíos

Hoy día, por varias razones, recuerdo muy bien la fiesta para mi cumpleaños número catorce, que celebramos en Aquamundo. La recuerdo porque fue una fiesta muy padre y también porque todos nos divertimos tanto. Sabía muy bien lo que costaba una fiesta así y que para mis padres y mis tíos era un sacrificio. Pero, aquella fiesta en particular la recuerdo más por lo que pasó después en aquel verano.

Días después de la fiesta, Lupe y yo estábamos hablando.

— Imagínate, Tinita, en un año vamos a cumplir quince años. ¿Vas a querer tener tu propia fiesta?

— Pues, me parece que sería bonito tener una grande para las dos — contesté.

— Ay, sí, ¿verdad? ¡Va a ser una fiesta como diez veces mejor y más grande que la de Aquamundo!

— ¡Y las dos tendremos vestidos elegantes y bellos! ¿Cómo quieres tu vestido?

Aquella tarde, Lupe y yo pasamos como una hora hablando de la fiesta que celebraríamos juntas el próximo año. Claro que, para empezar, tendríamos la tradicional misa en la iglesia. Estarían presentes todos nuestros padres, hermanos, tíos, primos, abuelos, amigos, etc. Tendríamos muchas damas y chambelanes acompañándonos. Las damas y chambelanes son jóvenes parientes o amigos que participan en la celebración. Las damas llevan vestidos especiales y los chambelanes llevan «smokings».

La cena y el baile serían en un salón muy elegante; otra vez con mucha gente. Tendríamos mucha comida, del Taco Norteño, por supuesto. Tendríamos la mejor música, y la gente bailaría hasta como las cinco de la mañana. Claro que el baile empezaría con el tradicional vals que siempre baila la quinceañera con su padre. En nuestra quinceañera doble, las dos bailaríamos el primer vals al mismo tiempo, Lupe con su padre, yo con el mío.

En México es muy común ver a personas de todas edades en una fiesta. Por supuesto nuestros familiares estarían en nuestra fiesta. Nuestra familia era típicamente mexicana. Los domingos, todos comíamos en la casa de Mamá Grande. En aquel tiempo, cuando yo cumplí catorce años, éramos unas veinte personas en la familia, con todos los hermanos de Papá, sus esposas e hijos. A veces alguien faltaba por alguna razón, pero no con mucha frecuencia. Además de las comidas de los domingos, nos reuníamos para cada cumpleaños, Navidad, Año Nuevo o cualquier otra ocasión especial.

¡Y no creas que las comidas eran rápidas! Primero, las diferentes familias tenían que llegar. «La comida del domingo», como se conocían aquellas reuniones, siempre empezaban «como a la una». Claro que en México, en realidad, eso quiere decir «después de la una». Papá siempre ha sido fanático de la puntualidad. Por eso, nosotros éramos casi siempre los primeros en llegar a la casa de Mamá Grande;

llegábamos entre la una y la una y cuarto. El tío David es bastante puntual también. Él llegaba con su familia un poco después de la una y cuarto. Casi siempre los otros tíos y sus familias ya habían llegado para la una y media o un poco después.

Entonces, los primos jugábamos o platicábamos, los hombres veían algún juego de fútbol en la tele y las mujeres trabajaban en la cocina. Cada familia llevaba algo. Por ejemplo, en una comida típica, Mamá hacía un arroz y tía Amanda una ensalada, Mamá Grande un postre, Papá traía carne del Taco Norteño, las otras tías traían botanas o verduras. Como a las dos, se empezaba a servir la comida. Primero les servían a los más chicos y después a los grandes. Los niños comíamos rápidamente, pero los adultos hacían durar la comida por horas. Como ellos conversaban con tanto gusto y tantos chistes, nos permitían ir a hacer otras cosas. Ellos se quedaban en la mesa grande del comedor platicando y riéndose. A veces me parecía que contaban los mismos chistes casi cada semana. Muchos eran cuentos de cosas que les habían pasado a mis tíos cuando eran niños. Cada semana, todos reían de nuevo. ¡Qué aburrido!

En cambio, aquellos domingos eran realmente divertidos para nosotros, los jóvenes. De niños, jugábamos, corríamos en el jardín, veíamos la tele, siempre había mucho que hacer. De más grandes, platicábamos, pero de cosas que nos interesaban a nosotros y no a los adultos. Todos éramos como hermanos. De vez en cuando, nos peleábamos; pero luego arreglábamos todo. Sí no, siempre había algún adulto que venía a ver qué estaba pasando.

Como a las cuatro o cuatro y media, los adultos empezaban a levantarse de la mesa para buscarnos. Entonces, nosotros decíamos algo como: «¡Déjennos jugar un rato más! ¿Lupita puede venir a casa con nosotros y pasar la noche? ¡Vamos al cine! ¡Queremos ir a comer un helado!»

Muchas veces los adultos sí nos permitían hacer lo que pedíamos, sobre todo durante los veranos, cuando no teníamos clases al día siguiente. Voy a recordar aquellos domingos el resto de mi vida como unos de los días más bonitos que he vivido. Cuando empezó aquel verano de mis catorce años, no tenía idea de que pronto cambiarían esos domingos y mi vida de una manera muy inesperada.

PREGUNTAS DE COMPRENSIÓN

A. *Contesta las preguntas, según la información de la historia.*

   1. ¿Lupe y Tinita pensaban tener un quinceañero para la dos o uno para cada una?

2. ¿Para una muchacha, cuál es el significado simbólico del quinceañero?
3. ¿Dónde tendría lugar la primera parte de la celebración?
4. ¿Adónde irían después?
5. ¿Qué tipo de ropa se usaría?
6. ¿Cuál es el baile especial que baila la quinceañera? ¿Con quién lo baila?
7. ¿Quiénes van al quinceañero?
8. Típicamente, ¿a qué hora llegaban finalmente todos a la casa de Mamá Grande para la comida «de la una»?
9. ¿Qué hacían los niños, los hombres y las mujeres además de comer?
10. ¿Qué le parecía aburrido a Tinita?
11. ¿Cómo se llevaban los jóvenes?
12. ¿A qué hora se levantaban los adultos de la mesa?

B. *Escribe cierto o falso para cada oración, según la información de la historia.*

1. Tinita recuerda su fiesta en Aquamundo porque fue una fiesta bien padre.
2. Poco después de la fiesta para celebrar su cumpleaños número catorce, Lupe y Tinita empezaron a planear su próxima fiesta.
3. Los chicos y las chicas hispanos celebran su cumpleaños con un quinceañero.
4. La familia de Tinita se juntaba en la casa de su abuela por lo menos cada semana.
5. Durante la comida, toda la familia miraba los juegos de fútbol en la televisión.
6. Los adultos platicaban mucho, pero los niños no.

DISCUSIÓN ORAL

1. Crees que es justo o injusto que los muchachos no tengan una gran fiesta para celebrar su cumpleaños número quince? Defiende tu respuesta. Menciona las ventajas (*advantages*) y desventajas (*disadvantages*) de tener o no tener una fiesta grande y formal.
2. Describe tus comidas familiares. ¿Con qué frecuencia se reúne tu familia extendida? ¿Cuántas personas asisten? ¿Cuánto dura una de esas comidas? ¿Contribuye un platillo cada familia? ¿Cuentan siempre los adultos los mismos chistes e historias como en la familia de

Tinita? ¿Tus primos y tú juegan y comparten en otro cuarto? ¿Disfrutas de esas reuniones?

3. Discute con tus compañeros el horario de comidas en tu casa. ¿A qué hora comes tú cada comida? ¿Hay alguna comida que no comas? ¿Cenan juntos los miembros de tu familia? ¿Comes mucho entre comidas? ¿Con qué frecuencia comes en restaurantes? ¿Comes mucho en restaurantes de comida rápida?

DIÁLOGO

1. Tus amigos y tú acordaron (*agreed*) encontrarse en el centro comercial para cenar. Uno de Uds. está molesto con los demás porque todos llegaron a una hora diferente a la acordada. Trabajando en grupo, escribe un diálogo en el cual se discuta esa situación.

2. Imagina que tus compañeros y tú están sentados juntos en un quinceañero. Trabajando en grupo, escribe un diálogo describiendo lo que está pasando y lo que están viendo.

3. Trabajando en grupo, escribe un diálogo acerca de un(a) estudiante de intercambio que está viviendo con tu familia por un año. Describe lo que va a pasar en la reunión familiar de Navidad, que tendrá lugar dentro de poco. El (La) estudiante extranjero(a) puede hablar también de la vida en su país de origen.

PARA ESCRIBIR

1. Si has asistido a — o tenido — un quinceañero, escribe sobre la experiencia. ¿Hubo una misa? ¿Hubo una fiesta? ¿Hubo damas y chambelanes? ¿Cómo estaba vestida la quinceañera? ¿Qué hicieron? ¿Te divertiste? ¿A qué hora empezó y terminó? ¿Qué es lo qué más recuerdas de la experiencia?

2. ¿Cuál sería para ti la celebración ideal para tu próximo cumpleaños? ¿Celebrarías con tu familia y/o amigos? ¿Tendrías una fiesta o no? ¿Dónde sería la fiesta? ¿Qué harías y con quién? ¿Qué tipo de regalos te gustarían? (¡Ojo! Recuerda usar el condicional cuando sea necesario en esta composición: *sería, celebraría, iría, tendría,* etc.)

3. Imagína que es el año 2030. Estás en una gran reunión familiar. Describe dónde están, quiénes están presentes, cómo son, qué hacen, qué comen, de qué platican.

PARA INVESTIGAR

1. Busca información sobre quinceañeros en tu comunidad. Habla con hispanohablantes, mira en la guía telefónica e investiga los periódicos en español de tu comunidad. Escribe un reporte.

2. En el Internet, busca (*search*) «quinceañeras» y explora algunos sitios con información sobre este tema. ¿Cuáles son algunos accesorios que ofrecen para una quinceañera? Describe los vestidos que viste.

4
Adiós a la niñez

Vocabulario

la niñez *childhood*
la frontera *border*
detenerse *to stop* (= **pararse**)
el ingeniero *engineer*
el banquero *banker*

seguir + gerundio *to keep doing something*
crecer *to grow*
mantener *to maintain, keep*
enterarse *to find out*

EJERCICIO DE PRELECTURA

A. *Usa las palabras del vocabulario para completar las siguientes oraciones.*

1. El próximo año yo voy a _____ estudiando español.

2. Los niños _____ mucho en su primer año de vida.

3. La primera parte de la vida es la _____.

4. Mi madre maneja el dinero de la familia porque ella es _____ y sabe más de eso que mi papá.

5. Mi padre es _____ y trabaja en un laboratorio.

6. En la tormenta de nieve yo no pude _____ a tiempo y choqué con otro auto.

7. Hay una _____ muy larga entre los Estados Unidos y México. Va desde Texas hasta California.

8. La fiesta de cumpleaños para Adela fue una sorpresa. Ella no _____ antes.

Para leer mejor

A veces es difícil entender otro idioma (lengua) porque las ideas se expresan de una manera completamente diferente. Los tiempos verbales también se pueden usar de maneras un poco diferentes. Por ejemplo, el uso del presente progresivo (estás leyendo   *you're reading*) es un poco diferente en español. Probablemente, aprendiste en tu primer año de español que el presente progresivo se usa menos en español que en inglés. En español, se emplea más cuando la actividad está en progreso. En inglés se puede decir, «*We're going to the movies tonight and I'm driving.*», mientras en español, es más común decir «Vamos al cine esta noche y yo voy a manejar.» Pon particular atención a los usos del presente progresivo en este capítulo.

También aprendiste que el gerundio (ejemplos: hablando, comiendo, escribiendo) se usa después de «estar», pero no con «ser». Además de «estar», los siguientes verbos que pueden preceder el gerundio. Expresa las siguientes frases en inglés.

1. ¿Qué estás diciendo?   (**estar** = *to be* + *ing*)

2. Ellos siguieron conversando.   (**seguir** = *to keep on* + *ing*)

3. Los adultos se quedaron platicando.   (**quedarse** = *to keep on* + *ing*)

4. Andrés continuó estudiando guitarra.   (**continuar*** = *to continue* + *ing*)

5. ¡Martita, no andes diciendo mentiras!   (**andar** = *to go around* + *ing*)

6. Allí va cantando Raúl.   (**ir** = *to go, to go along, around* + *ing*)

7. Aquí viene corriendo Susana.   (**venir** = *to come, to come along* + *ing*)

Para tu información

Monterrey está a sólo unas horas en automóvil de los Estados Unidos. Para pasar sus vacaciones, muchos regiomontanos manejan a diferentes partes de Texas como la Isla del Padre, Houston o San Antonio. Laredo y Reynosa son las ciudades americanas más cercanas a Monterrey. Laredo está en la frontera con Nuevo Laredo (México) y a unos 235 kilómetros (unas 140 millas) de Monterrey. Como sucede en casi todas las ciudades fronterizas (= de la frontera) del mundo, en Laredo / Nuevo Laredo hay una mezcla de lenguas, culturas, comidas, costumbres y gente.

---

* ¡OJO! Se usa mucho más «seguir» que «continuar» en español.

Adiós a la niñez

Un domingo en la comida en la casa de Mamá Grande, los adultos se quedaron platicando mucho más tiempo que de costumbre. Lupe y yo estábamos platicando en la recámara de Mamá Grande con nuestros hermanos Juan Carlos y Pedro. De repente, nos dimos cuenta de que ya no se oían las risas de los grandes. Oíamos un poco de la conversación. Se oían voces serias. Eso no era normal. Fuimos a la cocina «para buscar unos refrescos». En realidad, queríamos escuchar mejor la conversación.

Papá le decía a mi abuela:

— Mamá, ya somos muchos y el dinero que gana el restaurante no es suficiente para tantas bocas.

— Gracias a Amanda, podemos emigrar sin muchos problemas — decía Tío David. — Pensamos que en unos meses podremos tener el permiso de emigrar.

— Pero, hijo, ¿qué voy a hacer sin Uds. aquí?

— Mamá, tienes cuatro hijos más. Van a estar todos aquí contigo.

— Pero eres el mayor, el que siempre ayuda a los demás.

— Por eso me voy, Mamá. No podemos ganar suficiente en el restaurante aquí en Monterrey. Si Amanda y yo ponemos un restaurante en Denver, vamos a ganar mucho más y te podemos mandar dinero cada mes.

— Pero van a estar tan lejos. ¡Nunca los voy a volver a ver! ¿Por qué no se mudan a Laredo?

— ¡Ay, Mamá! Ya hay muchísimos restaurantes mexicanos en Laredo. Además, Amanda tiene mucha familia en Denver. Vamos a venir cada Navidad. Y te prometo que en los veranos te voy a mandar a algunos de los chicos.

Desde la cocina, Lupe, Juan Carlos, Pedro y yo habíamos oído suficiente. Aunque los adultos siguieron conversando, nosotros salimos al patio para poder hablar. Juan Carlos les preguntó a Lupe y a Pedro:

— ¿De qué están hablando? ¿Se van a mudar Uds. a los Estados Unidos?

— No tengo idea de lo que están diciendo — dijo Lupe.

Pedro movió la cabeza indicando que él tampoco entendía. En eso, llegó Fernando, el mayor de mis primos.

— ¿Oye, Fernando, tú qué sabes? ¿Uds. van a vivir en los Estados Unidos? — le preguntó Juan Carlos.

— ¡¿Qué?! ¿Qué estás diciendo?

— Que oímos decir a tu papá que Uds. se van a ir a vivir a Denver.

— ¡Estás loco, tonto!

— No, Fernando. Es verdad lo que dice Juan Carlos — dijo Lupe.

— ¡No puede ser! — Fernando dijo con una cara preocupada. Se fue inmediatamente a hablar con sus padres y los otros adultos. Nosotros lo seguimos.

Mi tía Amanda era una persona bilingüe y bicultural. Ella nació en México, pero desde muy joven, vivió en los Estados Unidos. Conoció a mi tío durante un viaje de regreso a México para visitar a sus abuelos. Ella era ciudadana norteamericana. Entonces para mi tío y mis primos sería más fácil emigrar a los Estados Unidos que para otros mexicanos.

Cuando nosotros entramos al comedor, la conversación de los tíos se detuvo. Como Fernando era el mayor de los primos, les dio voz a las preguntas que nosotros teníamos.

— Papá, ¿de qué están hablando?

Hubo un silencio en el cuarto mientras los adultos se miraban. Por fin, mi tío David habló:

— Hijo, estamos pensando tu madre y yo que Uds. tendrían una mejor vida en los Estados Unidos, en Denver.

Mi tío pausó. Aunque había unas quince personas en el cuarto, sólo había silencio:

— Fernando... y Lupe y Pedro... allí en Denver están sus otros primos, tíos y abuelos. Su mamá va a poder ver a su familia todos los días. Además, así tu familia aquí en Monterrey va a tener más dinero del Taco Norteño.

— Pero, Tío — dijo Juan Carlos — no necesitamos más dinero.

— Sí lo necesitan, Juan Carlos. En los próximos años Uds., los jóvenes de la familia, van a empezar a estudiar en la universidad. Eso cuesta mucho.

— ¡No iremos a la universidad!

— No digas eso, muchacho — dijo mi tío. — Sabes muy bien que tus padres, Amanda y yo queremos que Uds. estudien, que sean ingenieros, banqueros... lo que quieran. No queremos que Uds. tengan que trabajar toda la vida en el restaurante.

— ¿Y qué tiene de malo trabajar en el restaurante? — preguntó Fernando.

— Nada, hijo, es un trabajo honesto y seguro, pero es un trabajo duro y de muchas horas. Además, la familia sigue creciendo. No todos podemos vivir del Taco Norteño.»

Aquella tarde, empezó a cambiar la vida para todos nosotros. Pienso que para Lupe y para mí en ese día la fiesta de la quinceañera empezó a perder un poco de ilusión. Ese fue el día en que dejamos de ser niñas.

Ya no queríamos pensar en nuestra fiesta ni en nada más del futuro. Queríamos regresar a ser niñas chiquitas, a jugar en el patio de Mamá Grande, a pelearnos con nuestros hermanos sin pensar en nada más. Pero ya era imposible.

PREGUNTAS DE COMPRENSIÓN

1. Al empezar este capítulo, ¿por qué era diferente la conversación de los «grandes» (=adultos)?
2. ¿De qué se trataba la conversación de los adultos?
3. ¿Cuál fue la reacción de Mamá Grande?
4. ¿Desde dónde escuchaban la conversación los primos?
5. ¿Cuál fue la reacción de los primos al escuchar?
6. ¿Cuál de los primos habló primero con los adultos? ¿Por qué?
7. ¿Qué dos razones dio el tío David para irse a los Estados Unidos?
8. ¿Por qué iban a necesitar más dinero en los próximos años?
9. Según el tío, ¿qué desventajas tenía trabajar en el restaurante?
10. ¿Qué iba a ser diferente después de esa conversación?
11. ¿Qué quería Tinita al final del capítulo? ¿Era posible lo que ella quería?

DISCUSIÓN ORAL

1. A veces, por razones válidas, los padres mantienen ciertas «mentiritas», o sea, pequeñas mentiras inofensivas, de las cuales sus hijos se enteran eventualmente. Hablen de una mentirita que durante un tiempo tus padres mantuvieron, y tu reacción al saber la verdad. Puede ser algo como la situación de los primos de Lupe o alguna situacion familiar similar.

2. ¿Si tú tuvieras (*if you had*) un millón de dólares, serías rico? ¿Si Bill Gates tuviera un millón de dólares, sería rico? ¿Realmente, qué quiere decir «ser rico»? Ahora, piensa en lo siguiente. ¿Qué quiere decir «ser bilingüe»? ¿Qué quiere decir «ser bicultural»?

3. La familia extendida de Tinita tiene un problema económico. Discutan posibles alternativas y soluciones a parte de mudarse a los Estados Unidos.

DIÁLOGOS

1. Escriban un diálogo en que un anglohablante (=persona que habla inglés) tiene problemas comunicándose con un hispanohablante. Piensen en cognados falsos que causan problemas como «embarazada» o las conjugaciones de verbos que son difíciles para los anglohablantes.

2. Inventen un diálogo en el cual alguien tiene problemas por no saber bien las normas culturales. Puede ser, por ejemplo, un mexicano en Estados Unidos o un americano en México u otro país. Piensen en las costumbres para saludar a y despedirse de otras personas.

3. Imaginen que Uds. son Tinita y Lupe u otros de los primos. Uds. están hablando justo después de la última escena en el Capítulo 4.

4. Escriban una conversación entre hijo(s) y padre(s). El hijo / La hija acaba de enterarse de que la familia se va a mudar a otro país.

PARA ESCRIBIR

1. A principios del siglo veintiuno, los Estados Unidos han estado experimentando una gran ola (*wave*) de inmigrantes. Hubo otra ola grande a principios del siglo veinte. ¿Cómo ha cambiado el mundo en los últimos cien años, y cómo han afectado estos cambios la vida de los actuales inmigrantes? Puedes escribir de los inmigrantes a través de todo el mundo.

2. Escribe de una experiencia después de la cual te sentiste menos inocente y más adulto. ¿Cómo y por qué cambió tu vida? Como Tinita, ¿querías volver a un punto más inocente en tu vida?

3. Si conoces a una persona bilingüe y/o bicultural, escribe sobre ella. ¿Cuáles dos lenguas habla? ¿Cómo llegó a hablar muy bien las dos lenguas? ¿Tiene acento de extranjero cuando habla? ¿Puede estar igualmente a gusto (=cómodo) en las dos culturas? ¿Parece dos personas diferentes?

PARA INVESTIGAR

1. Infórmate más sobre la comunidad hispana en tu ciudad, o en la ciudad más cercana donde haya una. ¿Hay muchos hispanos residiendo en el área por mucho tiempo? ¿Por cuánto tiempo o cuántas

generaciones han vivido en el área? ¿Hay muchos inmigrantes hispanos recientes? ¿De dónde vienen? ¿Está cambiando el área con la llegada de los inmigrantes? ¿Cómo se diferencian los nuevos inmigrantes hispanos de los hispanos que tienen varias generaciones en los Estados Unidos?

2. En muchas ciudades de los Estados Unidos las comunidades hispanas tienen una vida cultural muy activa. Busca información sobre museos, teatros, conciertos, cines, festivales u otras actividades en español. Comparte la información con tu clase de español y visita algún lugar con amigos o familiares. Si no hay nada así en tu comunidad, renta un DVD de una película de México, España u otro país de habla hispana, y míralo con audio y subtítulos en español. Después puedes dar un resumen escrito al profesor o uno oral a la clase.

5
Hasta luego

Vocabulario

acostumbrarse *to get used to*

sonar *to ring*

estrecho *close*

la cuñada *sister-in-law*

la mayoría *the majority*

el bautizo *baptism*

el padrino *godfather*

el ahijado *godson*

navideño *pertaining to Christmas*

la misa de gallo *Christmas Eve
  midnight Mass*

asegurar *to assure*

quebrarse *to break*

llorar *to cry*

las luces de bengala *sparklers*

por fin *at last*

güero *blonde* (= **rubio**)

a lo mejor *perhaps, probably*
  (= **probablemente**)

¡déjalo en paz! *leave him alone!*

animarlo *to encourage, cheer
  up someone*

la despedida *farewell*

¡que Dios los bendiga! *God
  bless you all!*

la carretera *highway*

diario *daily*

EJERCICIO DE PRELECTURA

A. *Usa el vocabulario para completar los espacios a continuación.*

1. Juanito siempre molesta mucho a su hermano Pedrito, y en
   tonces Pedrito se pone triste y _____. Después, la
   mamá le dice a Juanito: «_____».

2. El sábado fuimos a la iglesia donde celebramos el _____
   del bebé de mi hermana, o sea de mi sobrino. Mis padres fueron
   los _____ del bebé; así que él es su _____.

3. Anoche, el teléfono _____ a las dos de la mañana.
   Era un número equivocado.

4. En el verano me gusta dormir hasta muy tarde. Cuando empiezan las clases, es difícil _____ a levantarme temprano.

5. La _____ entre Monterrey y Laredo es moderna, y es muy fácil manejar la distancia en unas dos hora y media.

6. Tengo una relación muy _____ con mi abuela. La quiero mucho.

7. Yo soy moreno, pero mi hermana tiene el pelo _____.

8. En diciembre, las tiendas ponen muchas decoraciones _____.

9. Antes de irnos a vivir a California, nos hicieron una fiesta de _____.

Para leer mejor

La palabra **se** a veces puede dificultar la lectura en español. **Se** puede usarse de manera impersonal como **se puede, se dice, se habla español**, etc. También puede cambiar el significado de un verbo como **ir** (**ir** = *to go*, **irse** = *to leave*). Muchas veces **se** expresa *to get* en inglés.

Expresa los siguientes verbos en inglés, usando *to get*. Es posible que no conozcas los todos, pero a lo mejor sabes una palabra raíz, por ejemplo «entristecerse» y «triste».

1. levantarse
2. vestirse
3. enfermarse
4. preocuparse

5. entristecerse
6. mejorarse
7. envejecerse
8. prepararse

9. enojarse
10. acostumbrarse
11. enflacarse
12. ponerse contento

Para tu información

Hoy día en los Estados Unidos casi todo el mundo sabe algo de la comida mexicana. ¿Has comido salsa, tortillas, tacos, quesadillas, enchiladas y jalapeños, no? Pero la comida típica en México es aún más diversa. ¿Has comido un tamal dulce, menudo, chilaquiles o nopalitos? ¿Has bebido un refresco de guayaba, un agua fresca de tamarindo u horchata?

Hasta luego

El resto del verano los primos seguimos viéndonos todos los días. Fuimos al cine, al parque y a muchos otros lugares.

Pronto comenzaron las clases. Lupe y yo estábamos en salones diferentes. Creo que fue algo bueno para las dos. Teníamos que empezar a acostumbrarnos a vernos menos.

Una tarde en noviembre, yo acababa de llegar a la casa después de clases. Estaba en la cocina comiendo una quesadilla cuando sonó el teléfono. Me levanté y fui a contestar:

— ¿Bueno?

— Hola, Tina. Hoy llegó el permiso.

Yo no encontraba nada que decirle a Lupe. Después de un silencio, ella continuó:

— Dice Mamá que nos vamos después de Navidad.

— ¡Ay, Lupe...! — Otra vez el silencio.

Hablamos un rato, pero fue una conversación triste. Esa noche, durante la cena con mis hermanos y mis padres, nadie habló mucho. Mi hermanito, Roberto, tenía sólo siete años, y no entendía bien lo que estaba pasando. Juan Carlos y yo estábamos muy callados. Yo veía las caras de mis padres y sabía que no era fácil para ellos tampoco. Papá y su hermano habían tenido una relación muy estrecha desde que eran niños. Mamá siempre decía que no podía pedir una mejor cuñada que Amanda. Cuando eran novios, los cuatro salían juntos a cenar, a fiestas, al cine, a muchas partes.

Nuestra familia, como la mayoría de la gente en México, era católica. Cuando nació Fernando, el primer hijo de mis tíos, mis padres fueron sus padrinos. Cuando yo nací, la primera hija de mis padres, David y Amanda fueron mis padrinos. Ahora yo empezaba a entender lo difícil que era la mudanza para mis padres.

Llegó la Navidad y nos reunimos en la casa de Mamá Grande como todos los años. Ese año, la cena fue más grande que nunca. Unos días antes, las mujeres de la familia habíamos pasado horas haciendo tamales en la cocina de Mamá Grande. Hicimos tamales de pollo y de frijoles, también había tamales dulces con azúcar y pasas. La noche del 24, Nochebuena, nos sentamos a cenar como a las nueve y media. Después de comer, los niños abrimos los regalos que nos habían dado. A las once salimos para la iglesia. La misa no empezaba hasta las doce, pero Papá siempre se preocupaba de que iba a haber mucha gente. Y así fue, ya había mucha gente y tuvimos que sentarnos hasta atrás.

— ¡Qué suerte tenemos en poder sentarnos! — comentó mi mamá. Y era verdad. Siempre va mucha gente a la «misa de gallo». Así se llama la misa navideña de la medianoche.

Antes de las doce, cuando todavía era el 24 de diciembre, un grupo de jóvenes tocó instrumentos musicales y cantó canciones navideñas. Lupe y yo nos sentamos juntas. Gracias a Mamá Grande, llevábamos vestidos nuevos, y nos sentíamos muy bonitas. Los primos, en cambio, se veían incómodos en su ropa nueva. La misa, como cada misa de gallo, fue larga, y yo empecé a sentir sueño. En un momento, oí la voz de Juan Carlos:

— ¡Little Bathtub, no te duermas! — Bato y Ramón ya se habían dormido. Finalmente, terminó la misa y regresamos a nuestra casa.

La última celebración que tuvimos antes de que se mudara la familia de Lupe fue la reunión de Año Nuevo. No fue tan alegre como de costumbre, y terminó para la una de la mañana, cosa muy rara para nuestra familia. Otra vez hubo una cena grande. Como cada Año Nuevo, había una piñata para los niños chicos, pues los hermanos menores de Papá ya tenían bebés y niños pequeños. Los tíos se aseguraron de que Ramón, el hermano de Lupe que tenía ocho años, quebrara la piñata. Mientras éste intentaba hacerlo, otro primo, Diego, que tenía cinco años, corrió a agarrar dulces. Ramón le pegó a Diego accidentalmente en el brazo. Diego lloró muchísimo. Afortunadamente, mi tío Alejandro, había comprado luces de bengala para sus sobrinos. Ya con las luces, Diego dejó de llorar por fin y se puso contento en unos minutos.

Tío Alejandro era el hermano menor de Papá y era el más cómico de los cinco hermanos. Dijo que David y su familia se iban a la tierra de «los güeros», o sea personas rubias. Como Fernando, que ya tenía quince años, era tan guapo, seguramente les iba a encantar a las güeras. Pintó una escena muy chistosa de Fernando, con muy mal inglés, tratando de hablarles a unas guapas chicas americanas.

«Y lo mejor, hombre, es que sí no te gustan las güeras, hay de todo allí. Hay mujeres blancas, negras, cafés y hasta moradas.»

Fernando sonreía, pero ya tenía la cara roja. — ¡Ya, déjalo en paz! — ordenó Mamá Grande a su hijo menor. De repente, miré a Mamá Grande y me parecía que estaba envejeciendo más rápidamente. Tío Alejandro siguió tratando de animarnos, pero esa noche era un trabajo difícil.

Llegó el 2 de enero, el día de la despedida. — ¿Por qué no puede vivir Lupe con nosotros? — les sugerí a mis padres. Claro que yo sabía que no era posible. Todos nos despedimos con muchos besos, abrazos y lágrimas.

— ¡Qué Dios los bendiga!

— ¡Gracias!

— ¡Qué les vaya bien!

— ¡Gracias, muchas gracias!

— ¡Tengan mucho cuidado en la carretera!

— Sí, Mamá.

— ¿Ya fueron al baño, niños? — y como ocho voces respondieron automáticamente — ¡Sí, Mamá Grande!

— ¡Adiós!

— ¡Adiós!

— ¡No, no! Adiós, no. ¡Hasta luego!»

La familia de Lupe ya estaba en el carro. Todos repetíamos: «¡Hasta luego, hasta luego!» Y con eso desaparecieron de nuestra vida diaria seis de las personas a quienes más quería yo.

PREGUNTAS DE COMPRENSIÓN

1. Cuando empezaron las clases, ¿cuál fue un cambio para Tinita y Lupe?

2. Durante su llamada telefónica, ¿cuándo dijo Lupe que su familia se iba a mudar?

3. ¿Qué opinaba la mamá de Tinita con respecto a la tía Amanda?

4. ¿Quiénes eran los padrinos de Tinita?

5. Describe algunas actividades de la familia de Tinita en Navidad.

6. ¿Qué es la «misa de gallo»?

7. ¿Qué les pasó a los niños en la misa?

8. ¿Cómo fue la celebración de Año Nuevo para la familia?

9. ¿Qué le pasó a Diego y cómo reaccionó?

10. ¿Quién trató de alegrar a la gente?

11. ¿Qué día salió para los Estados Unidos la familia de Lupe?

12. ¿Cómo fueron?

DISCUSIÓN ORAL

1. Hagan una discusión entre todos en la clase. ¿Cuántas de las siguientes comidas mexicanas pueden identificar? ¿Hay personas en la clase que puedan describir algunos de los platillos para los compañeros que no los conozcan?

(a) los tamales de frijoles,   (g) el pan dulce
     los tamales dulces   (h) un refresco de guayaba
(b) el menudo   (i) el agua fresca de tamarindo
(c) los chilaquiles   (j) la horchata
(d) los nopalitos   (k) el chocolate caliente mexicano
(e) las carnitas   (l) la cajeta o dulce de leche
(f) los huaraches   (m) el flan

2. Discutan en grupo sus opiniones de las celebraciones y tradiciones relativas a la Navidad. ¿Te gustan o no? ¿Celebran en tu casa (familia) o no? ¿Qué haces el 24 y 25 de diciembre? ¿Qué opinas de dar y recibir regalos navideños? ¿Crees que la Navidad tiene poco significado religioso hoy día para muchas personas en los Estados Unidos?

3. El tío Alejandro, el cómico de la familia, dijo que «en los Estados Unidos hay de todo. Hay mujeres blancas, negras, cafés, y hasta moradas.» En los Estados Unidos, hay una gran diversidad étnica y racial. Para alguien que viniera de una sociedad con poca diversidad, ¿sería eso una novedad, o sea, algo nuevo y diferente? ¿Qué opina el grupo?

DIÁLOGOS

1. Inventen un diálogo entre miembros de la familia de Lupe en el carro después de despedirse de los otros. Están en la carretera entre Monterrey y Laredo.

2. Imagínense ser niños en una fiesta donde hay una piñata. Creen un diálogo mientras le pegan a la piñata.

3. Uds. están en los Estados Unidos, pero en un restaurante mexicano muy auténtico. Explíquenle al mesero que quieren practicar su español, pidan platillos que no conocen la mayoría de los americanos, hagan conversación con el mesero y comenten sobre la comida. (¡Ojo! Algunas expresiones útiles: **¡qué rico!, ¡qué sabroso!**)

PARA ESCRIBIR

1. Si tu familia celebra la Navidad, describe cómo la celebran. ¿Hay cena, regalos, un pino navideño? ¿Van Uds. a la iglesia? ¿Viene Santa Clos (así se llama en Monterrey) a dejar regalos? ¿Son Uds. formales o informales? ¿Se reúnen con la familia extendida? ¿Viajan?

2. Escribe sobre un viaje en carro que hayas hecho. ¿Con quién(es) viajaste? ¿Adónde fueron? ¿Cuánto tiempo duró el viaje? ¿Qué hicieron? ¿Qué te gustó (o no te gustó) del viaje? Describe una escena memorable del viaje.

3. Escribe sobre un familiar que sea el cómico de la familia, o de un(a) amigo(a) que sea el (la) cómico(a) del grupo. ¿Es popular con todo el mundo? ¿Cómo reaccionan los demás a él (ella)? ¿Cómo se llevan? ¿Hace muchas bromas (=chistes)? ¿Siempre son simpáticos sus chistes o a veces ofenden a otras personas?

PARA INVESTIGAR

1. En este capítulo, hemos hablado mucho de diferentes comidas mexicanas. Hoy día, en muchas ciudades de los Estados Unidos, no es nada difícil encontrar restaurantes mexicanos auténticos y muy buenos. Con compañeros o con tu familia, visita un auténtico restaurante mexicano y pidan platillos que no conozcan. Podrían pedir varios platillos y un plato limpio para cada persona. Entonces cada quien se puede servir un poco de cada platillo. Así pueden conocer varios platillos en una sola comida. ¡Buen provecho y no olvides usar tu español con los meseros!

2. Si tú vienes de una familia latina y ya conoces todas las comidas mencionadas en la sección de Discusión Oral, visita un restaurante de algún otro país u otra cultura que no conoces tan bien como la mexicana o la americana. Puedes buscar un restaurante de Venezuela o Colombia y comer arepas, o uno de Argentina o Chile y comer empanadas al estilo de ellos, o uno de España y probar las tapas. Pero, ¡eso sí!, si estás acostumbrado a comer muchas tortillas mexicanas, cuidado al pedir unas tortillas españolas con la comida.

3. Ve a conocer un supermercado mexicano en tu ciudad. Pídele a un compañero mexicano que te acompañe. Si no conoces a ninguno, habla con el maestro de inglés como segundo idioma (ESL) para ver si hay un estudiante de México que te pueda acompañar. Entonces, pregúntale a tu guía personal qué son las cosas que no conoces. Por ejemplo, en las verduras, busca los chayotes, y fíjate en la cantidad y variedad de chiles que venden. En la carnicería, pregunta si tienen milanesas. Muchos supermercados mexicanos venden manteca en cantidades bastante más grandes que en el típico supermercado americano. ¿Para qué necesitan comprar tanta manteca los cocineros mexicanos?

6
Capítulo nuevo

Vocabulario

la moneda *coin*

el truco *trick*

la regla *rule*

la palabra raíz *root word*

los Reyes Magos *Three Kings/ Wise Men/Magi*

el Día de los Reyes Magos *Epiphany, January 6*

el Niño Jesús *Baby Jesus*

el anillo *ring*

la rosca *ring-shaped sweet bread eaten for Epiphany*

el monito *plastic figurine in the shape of a baby*

la rebanada *slice*

gritar *to shout*

el vacío *emptiness*

hubiera *would have*

regañar *to scold*

extrañar *to miss*

con ganas *with desire, enthusiasm*

enseñar *to show, teach*

durante *during*

fiel *faithful, loyal*

la promesa *promise*

EJERCICIO DE PRELECTURA

A. *Lee las siguientes preguntas o comentarios y escoge la mejor respuesta para cada uno.*

1. ¿Qué tienes en el dedo?

   (a) Es un anillo nuevo.

   (b) Es una rosca de reyes.

2. ¡Mira! Allí hay un teléfono público.

   (a) ¿Necesitas una regla?

   (b) ¿Necesitas una moneda?

3. ¿Cómo es tu perro?

   (a) Es una promesa.

   (b) Es muy fiel.

4. ¡Ay! Los niños se pelearon otra vez.

    (a) Y entonces me enseñaron un truco nuevo.

    (b) Por eso estaban gritando mucho.

5. ¿Cuánta pizza quieres?

    (a) Dos rebanadas, por favor.

    (b) La quiero durante la fiesta de Navidad.

6. ¿Qué pasa si llegas a tu casa a las dos de la mañana?

    (a) Mis padres me regalan un monito.

    (b) Mis padres me regañan.

7. ¿Cómo es el profesor Maldonado?

    (a) Excelente. Siempre enseña con muchas ganas.

    (b) Es una palabra raíz.

Para leer mejor

¿Has notado que una persona, tal vez tú, con un buen vocabulario en cualquier idioma, muchas veces, entiende palabras que nunca ha visto u oído antes? Tú aprendiste tu primera lengua por la vía lenta. Tuviste muchos «maestros» (todas las personas que te hablaban) durante muchas horas cada día. Cuando aprendes un idioma en la escuela, vas por la vía rápida. Por lo general, tienes un maestro que compartes con muchos estudiantes por tiempo limitado. Hay ciertos «trucos» que te pueden ayudar a aprender más rápido. Muchos de estos trucos son simplemente reglas de gramática.

Otra habilidad que conviene practicar es la de reconocer palabras raíces. Por ejemplo, hay verbos con la raíz «tener», equivalente a «-tain» en inglés. Otros verbos tienen la raíz «poner», que muchas veces corresponde a «-pose» en inglés. A veces la raíz se traduce un poco diferente en inglés, pero ya que empiezas a practicar, no es difícil empezar a entender muchas palabras nuevas. ¡Y así verás que tu vocabulario crece rapidísimo! Expresa en inglés las siguientes palabras.

1. mantener	5. retener	9. componer
2. obtener	6. sostener	10. descomponer
3. detener	7. suponer	11. imponer
4. contener	8. oponer	12. reponer

Para tu información

El 6 de enero, o el Día de los Reyes Magos, es el día en que, según la Biblia, los tres reyes encontraron al Niño Jesús. En algunos países donde hay muchos cristianos, incluyendo muchos de habla hispana, ha habido una tradición de que el 6 de enero los Reyes Magos dejan algún regalo o monedas en los zapatos de los niños. Otra variación es que el Niños Dios, o Niño Jesús, deja un regalo el 25 de diciembre. En el México de hoy día, aparentemente gracias a la influencia americana, lo más popular es que «Santa Clos» deja los regalos el 25, pero todavía se venden y se comen muchas roscas de reyes. El 6 de enero y en los días anteriores a la fecha, se ven las roscas en muchas partes, desde las panaderías en los pueblos muy pequeños hasta en los supermercados más grandes y modernas en las ciudades grandes.

Capítulo nuevo

El 2 de enero fue el comienzo de un capítulo nuevo en mi vida, bueno, en la vida de toda la familia. Las clases comenzaban de nuevo el siete de enero, un día después del Día de los Reyes Magos. Ese es el día en que celebramos la llegada de los tres Reyes Magos cuando vieron al Niño Jesús. En México, se celebra con una «rosca», un pan dulce en forma de anillo. Adentro trae un «monito», un pequeño bebé. Hoy día los monitos son de un plástico especial al que no le pasa nada en el horno. En una reunión o fiesta de los Reyes, al que le toca la rebanada de rosca con el monito tiene que hacer una fiesta luego. A Lupe y a mí siempre nos había gustado ese día. El año pasado, le tocó el monito a ella. Este año yo no quería estar ni en mi casa ni en la de Mamá Grande para la rosca. Por suerte, mi amiga Gabi me había invitado a comer una rosca en su casa.

La reunión empezaba a las cuatro de la tarde, así que yo llegué un poco antes de las cuatro y media. Ya había unas ocho compañeras del colegio en la casa de Gabi. Después llegaron otras cuatro. La rosca era grande y rica. El monito le tocó a Susana, y ella nos prometió una fiesta en su casa el 2 de febrero. Lo pasamos muy bien y nos divertimos mucho.

Después de comer la rosca, Adriana preguntó:

— Oye, Tina, ¿qué noticias hay de Lupe?

— Ella y su familia se fueron de Monterrey el día 2. Nos llamaron anoche para decirnos que ya habían llegado a Denver anteayer por la tarde. Están viviendo en la casa de los papás de mi tía Amanda.

De repente, yo sentía que iba a llorar. Creo que mis compañeras lo sabían. Gabi cambió la conversación a otra cosa:

— Oye María, ¿es cierto que en el baile de Año Nuevo estuviste bailando toda la noche con Jorge Rivera?»

Todas reían y esperaban la respuesta de María.

— ¡Ay, Gabi, no bailé «toda la noche» con él! — dijo, imitando el tono de voz de Gabi.

— Bueno, pero, sí bailaste con él...

— Pues, sí...

— A ver, ¿por cuánto tiempo bailaste con él?

— No sé, como una hora.

— ¡Ay, como eres mentirosa, María! — dijo Susana. — Yo estaba allí, y yo los vi. Bailaron como tres o cuatro horas. — Ahora todas nos reíamos.

— Bueno, y tú, Susana, ¿qué nos dices de Pablo González? — respondió María.

— ¡Yo les digo que es guapísimo! Yo sí podría bailar toda la noche con él. ¡Con él podría bailar toda la vida!

— Con eso, todas empezamos a gritar y reírnos. Por un rato, yo pude olvidar el vacío que sentía. Demasiado pronto llegó mi mamá para llevarme a la casa de Mamá Grande.

— Yo no quería ir a la casa de mi abuela. Sabía que iba a ser una reunión triste, y así fue. Los adultos parecían muy formales y callados. En realidad, simplemente era la ausencia de David y Amanda. Juan Carlos y yo no sabíamos qué hacer más que sentarnos con los adultos. Mi hermanito Beto jugó con nuestros primos chiquitos, hijos de mis tías Sara y Paula. Corrían y hacían mucho ruido. Antes, algún adulto los hubiera regañado, pero ahora nadie les decía nada. Creo que les daba gusto a los grandes oír los gritos de niños. Fue una noche larga y aburrida para mí.

— Al día siguiente empezaron las clases. Yo extrañaba tanto a Lupe. Me encontraba esperando verla por los corredores, en el baño, en su salón. Los maestros llegaron de las vacaciones con ganas de darnos mucha tarea. Cada noche yo tenía horas y horas de tarea. Los fines de semana salía con algunas compañeras. Los domingos por la tarde iba a la casa de Mamá Grande, pero ya no me gustaba sin Lupe, sin sus hermanos, sin mis tíos.

— Tengo tanta tarea, Papá. Debo quedarme en la casa hoy — le dije a mi padre un domingo. Él me miró sorprendido, pero Mamá fue la que habló inmediatamente:

— ¡De ninguna manera, señorita! No puedes faltar en la casa de tu abuela.

— Tu madre tiene razón, mi hijita — dijo Papá. Entonces fui a otra comida larga y aburrida. Para enseñarles a todos la enorme cantidad de tarea que tenía, llevé el libro de historia y fui a una recámara para leerlo. Era el libro más aburrido que había visto en mi vida y, en realidad, dormí una siesta, pero la familia pensaba que yo era una estudiante muy dedicada.

El resto del año escolar siguió así. Yo vivía para julio y las vacaciones. Las clases terminaban el 26 de junio. Mi tío David le había prometido a Mamá Grande que le mandaría «algunos hijos» durante las vacaciones. Creo que no tenían mucho dinero en Denver, pero el tío era un hombre fiel a sus promesas. Fernando y Lupe llegarían en avión el primero de julio. Los dos iban a vivir con nosotros, así que Lupe y yo nos veríamos todos los días. Además era el verano de nuestra fiesta de los quince años. ¡Sería un verano fantástico!

PREGUNTAS DE COMPRENSIÓN

1. ¿Cuándo iban a empezar otra vez las clases en la escuela?
2. ¿Cuándo es el Día de los Reyes Magos?
3. ¿Qué se come ese día?
4. ¿Qué sorpresa hay?
5. ¿Quería celebrar Tinita?
6. ¿Adónde fue para celebrar y cómo lo pasó?
7. ¿Dónde estaba entonces Lupe?
8. ¿Quién era Jorge Rivera?
9. ¿Adónde fue Tinita después y cómo lo pasó?
10. ¿Cómo era la escuela al regresar?
11. ¿Por qué dijo Tinita que debía quedarse en casa en vez de ir a la casa de Mamá Grande? ¿Cuál era la verdadera razón?
12. ¿Qué hizo en casa de Mamá Grande?
13. ¿Qué fecha esperaba Tinita con muchas ganas y por qué?

DISCUSIÓN ORAL

1. Cuando eran niños, ¿creían en Santa Clos? ¿En el Conejo de Pascua? ¿En el Hada Madrina (*Fairy Godmother*) de los dientes? (En

México, es un ratoncito que trae dinero para los dientes.) ¿Cómo aprendieron que no existían? ¿Cómo reaccionaron? ¿Hay alguien en el grupo que venga de otra cultura donde hay algo parecido?

2. En su escuela, si a una chica le gusta cierto chico y ella se lo cuenta a una amiga, ¿se enteran pronto todos en la escuela o no?

3. ¿Cómo piensan Uds. que se van a llevar Tinita y Lupe en el verano? ¿Habrán cambiado las dos o no? ¿Va a ser difícil vivir en la misma casa todo el verano y con cinco personas más? ¿Se van a pelear?

DIÁLOGOS

1. Como en la conversación en casa de Gabi, estás hablando con un grupo de amigos o amigas. Te ponen gorro (*give you a hard time*) porque te gusta cierto muchacho o cierta muchacha. Trabaja en grupo para crear un diálogo.

2. Imagínense ser niños durante el recreo en la escuela primaria. Uno está informándole(s) al otro u otros que acaba de aprender que Santa Claus no existe.

3. Eres Tinita o su hermano Juan Carlos. Explícales a tus padres por qué no puedes ir a la casa de Mamá Grande hoy. Los padres tienen que decidir si te permiten quedarte en casa o no. Trabaja en grupo para crear un dialogo.

PARA ESCRIBIR

1. ¿Alguna vez se ha mudado un buen amigo o familiar tuyo? ¿O te has mudado tú, dejando atrás a todos tus amigos? ¿Cómo te sentías? En esas situaciones, la vida tiene que seguir adelante (*keep on going*), ¿qué hiciste?

2. En la Discusión Oral, Uds. hablaron en grupo de cuando aprendieron que no existían ni Santa Clos ni otros personajes míticos. Escribe ahora de tu propia experiencia personal.

3. ¿Es bueno o no hacer a los niños creer en Santa Claus, el ratoncito de los dientes, etc.? Explica por qué estás de acuerdo o no con esta costumbre.

PARA INVESTIGAR

1. Infórmate si hay una panadería mexicana en tu ciudad. Si la hay, pasando el Año Nuevo, llama por teléfono y pregúntales si van a tener roscas de reyes. Si las van a tener, ve a la panadería y compra una para tus amigos y/o familia. A veces los supermercados mexicanos en los Estados Unidos también venden roscas, pero es posible que no sean tan frescas como las de las panaderías. Una variación es comprar pan de muertos en los días antes del Día de los Muertos. Una rosca o pan de muertos se pueden acompañar muy bien con chocolate mexicano caliente. Dos marcas (*brands*) populares que se consiguen en los Estados Unidos son «Abuelita» e «Ibarra». Este chocolate se vende en muchos supermercados americanos en la sección de comida mexicana.

2. En el Internet, busca información sobre el Día de los Reyes Magos. Ve a un buscador (*search engine*) y escribe «**reyes magos**» , «**día de los reyes magos**» , «**regalos de reyes magos**», etc. Busca bajo «web» tanto como «**imágenes**». ¡Así puedes ver muchas fotos de gente celebrando este día especial!

7
¡Bienvenidos!

Vocabulario

la estatura *height*
medir *to measure*
el peso *weight*
pesar *to weigh*
la llegada *arrival*
la bienvenida *welcome*
volar *to fly*
el vidrio *glass*
el reclamo de equipaje
  baggage claim
recoger *to pick up*
el pasajero *passenger*
recién *recent*
la maleta *suitcase*

la aduana *customs*
fíjate *pay attention*
el equipaje *baggage*
acercarse *to approach*
oprimir *to press*
el semáforo *traffic light*
revisar *to check, go over or
  through*
el estacionamiento *parking,
  parking lot*
la salud *health*
el esfuerzo *effort*
la cita *appointment*
descansar *to rest*

EJERCICIO DE PRELECTURA

A. *Completa las frases con el vocabulario apropiado.*

  1. Mi abuelo tiene ochenta y un años y su _____ ya no
     es muy buena.
  2. Cuando hay luz roja en un _____, tienes que parar
     tu coche.
  3. Tengo una _____ con el dentista a las dos de la tarde.
  4. ¡Manuel, _____ en lo que haces! ¡Casi chocaste con
     ese carro!
  5. Tengo que ir al aeropuerto con mi papá para _____
     a mi abuela que llega de Guadalajara.

6. Si tú _____ el «cero», puedes hablar con una operadora.

7. El choque quebró el parabrisas del carro; por eso había muchos _____ en la calle.

8. ¿A qué hora es la _____ del avión? —A las seis y cuarenta.

9. Dormí muy mal anoche y ahora tengo sueño. Necesito _____.

10. Cuando llegamos, toda la familia estaba esperando en el aeropuerto para darnos la _____.

11. ¿Dónde dejaste el carro? —No te preocupes. Está en un _____ aquí cerca.

12. ¿Adónde vas en el aeropuerto para buscar tus maletas? —¡Al _____, claro!

Para leer mejor

En capítulos anteriores nos hemos fijado en la diferencia entre leer y hablar, diciendo que para leer simplemente necesitas reconocer el vocabulario, mientras para hablar necesitas saberlo mejor. A veces se habla del vocabulario receptivo (*receptive vocabulary*) y el vocabulario productivo (*productive vocabulary*). Si quieres aumentar tu vocabulario productivo, cuando leas, mantén una lista de palabras útiles para ti. Después repasa esa lista de vez en cuando.

Ahora vamos a pensar más en las palabras raíces de que hablamos en el Capítulo 6. A veces, lees u oyes una palabra que te parece nueva, pero que en realidad es una variación de una que ya sabes. Por ejemplo, en *Tinita*, has leído la palabra «navideño» que a lo mejor no habías oído. Pero si sabes «Navidad», no es difícil entender una frase como «Nuestra familia tenía varias tradiciones navideñas.» Claro, leer y entender es una cosa. Saber usar estas palabras al hablar es más difícil. A veces, existe sólo una palabra en inglés, pero hay dos en español. Eso puede confundir al anglo hablante. Por ejemplo:

**Vamos a la *escuela* en el autobús   *We're going to school in the*
   escolar.   *school bus.*

En términos gramaticales, **escuela** es un sustantivo (noun) y **escolar** es un adjetivo. En el ejercicio a continuación, para cada adjetivo, escribe el sustantivo relacionado y la palabra en inglés.

Modelo: **el autobús escolar**   *escuela   school*

1. una tradición familiar
2. el club deportivo
3. un tiempo verbal
4. el servicio telefónico
5. un grupo juvenil
6. una ciudad fronteriza
7. un triángulo amoroso
8. el parque acuático
9. una misa dominical
10. un día primaveral

Para tu información

Ya sabes que en la gran mayoría de Hispanoamérica se usa el sistema métrico. Por ejemplo, la distancia de Monterrey a Laredo es 235 kilómetros. Para hablar de estatura, hay que expresarse en términos de metros: «mido uno sesenta», o sea, un metro y sesenta centímetros. Para hablar de peso, hay que expresarse en términos de kilos; por ejemplo, «El bebé pesó tres cuatrocientos.», o sea, tres kilos y cuatrocientos gramos. Aquí tienes los equivalentes para poder convertir metros a pulgadas y kilos a libras.

> 1 metro = 39,37 pulgadas
> 1 kilo = 2,2 libras

¡Y, ahora, un poco de práctica! ¿Cómo se consideran estos individuos en los Estados Unidos, alto, bajo o ni alto ni bajo?

1. una mujer que mide 1,92
2. un hombre que mide 1,45
3. un hombre que mide 1,79
4. una mujer que mide 1,58
5. un hombre que mide 2,20

¡Bienvenidos!

Mamá Grande insistía en tener una comida familiar en su casa el día de la llegada de Fernando y Lupe. En los últimos meses, no se había sentido muy bien.

— Mamá, ve al médico. Yo te llevo — le decía Papá.

— No, hijo. ¿Para qué voy? Él me va a decir que estoy vieja, y es la verdad.

— Pero, a lo mejor él te puede dar algo, algunas vitaminas, o algo.

— Sí, sí. Después le hablo al doctor — respondía la abuela, pero nunca hacía la llamada telefónica. Entonces, mis tías y mi mamá trataban de ayudarle más. Habíamos empezado a tener la comida de los domingos en las diferentes casas de los hermanos de Papá, pero Mamá Grande insistió en que la comida de bienvenida para Lupe y Fernando sería en su casa.

El primero de julio empezó con mucho calor. Fernando y Lupe volaban de Denver a Houston y luego a Monterrey. El avión llegaba a las dos y cuarto. Fuimos mis padres, mis hermanos y yo al aeropuerto. También el tío Alejandro vino, pues no había lugar para todos en nuestro carro. Cuando llegamos al aeropuerto a las dos, ya estaba a treinta y ocho grados. El avión llegó unos cinco minutos tarde, pero pasaron unos veinte minutos más antes de que viéramos a mis primos.

En el aeropuerto de Monterrey, una gran pared de vidrio separa el área general y el reclamo de equipaje. Las personas que vienen a recoger a los pasajeros pueden ver a los recién llegados mientras esperan sus maletas. Después, allí mismo pasan por la aduana, y entonces, salen al área general. Todos esperábamos con impaciencia.

— Papi, ¿por qué no vienen? — preguntaba Betito.

— Pues, hijo, tienen que pasar por inmigración primero.

— ¿Y qué es eso?

— Es cuando les dan permiso y documentos para entrar a México.

— ¿Y entonces van a salir?

— No, Beto. ¿Ves a esas personas al otro lado del vidrio? Fíjate como están esperando algo. Ya pronto van a traer las maletas de la gente que vino en el avión. ¿Y ves que hay unos señores con uniforme esperando allá? Pues, ellos son los « aduanales », los empleados de la aduana. Mira bien lo que pasa cuando los pasajeros recogen su equipaje.

Pronto empezaron a llegar las maletas. Una señora recogió dos maletas grandes y siguió esperando otra más. Dos jóvenes recogieron su equipaje y fueron los primeros en acercarse a la aduana. El primer chico oprimió algo y sonrió cuando el aduanal le indicó que pasara sin abrir su maleta. El segundo hizo lo mismo, pero no le salió ninguna sonrisa. El oficial hizo señal de subir a una mesa su maleta y la mochila que traía. El muchacho abrió las dos, y el aduanal revisó todo con cuidado.

— Papá, ¿por qué le hacen eso? — preguntó Beto.

— Porque le tocó rojo.

— No entiendo.

— De aquí, no se puede ver, pero hay un semáforo.

— ¿Un semáforo como en la calle? — interrumpió Beto.

— Sí, como en la calle. Debajo hay un botón. El pasajero oprime ese botón. Si sale una luz verde, no tiene que abrir sus maletas; simplemente puede salir aquí donde estamos nosotros.

— ¡Y si le toca rojo, tiene que abrir todo! — dijo Beto triunfante.

— Muy bien, así es.

En eso oímos decir a Juan Carlos: — ¡Miren! ¡Allí están! ¡Allí están Fernando y Lupe!

Los dos nos habían visto y saludaban de lejos. En eso vieron sus maletas. En la aduana les tocó verde a los dos. ¡Qué suerte! Al salir ellos de la aduana, hubo muchos besos y abrazos. Yo estaba contentísima. Para ir a la casa de Mamá Grande, Lupe y yo fuimos con Papá y Mamá. Fernando y mis hermanos fueron con Tío Alejando en su carro. No la habíamos visto a Lupe en seis meses, pero ella parecía tener un año más que cuando se fue. Fernando parecía medir como diez centímetros más.

— Oye, ¡Qué calor! — dijo Lupe, al salir del aeropuerto al estacionamiento.

— ¡Monterrey en julio, mi hija! — contestó mi papá.

En la casa de Mamá Grande, la comida fue riquísima, y la tarde fue muy agradable. No me sentí aburrida nunca. El único problema era la salud de Mamá Grande. No tenía ganas de comer nada, parecía no tener el esfuerzo para nada.

— Mamá, ¿ya hiciste una cita con el Dr. Miravalles? — le preguntó Tía Sara.

— No, ya pronto la haré.

— No, Mamá. Vamos a hacerte una cita ahora. — dijo mi papá. — Tinita, búscame el celular. —Fui en seguida a buscar el teléfono de Papá.

— A ver, Madre... ¿cuál es el número del doctor?

En dos minutos Papá había terminado la llamada y Mamá Grande tenía una cita para el próximo día. La pobre se veía tan mal que decidimos mejor ir a nuestra casa y dejarla descansar. Esa noche, Lupe y yo estuvimos hasta las dos de la mañana platicando. ¡Cómo la había extrañado en esos meses!

PREGUNTAS DE COMPRENSIÓN

1. ¿Qué estaba pasando con Mamá Grande?

2. ¿Dónde hacían las comidas de los domingos?

3. ¿Quiénes fueron al aeropuerto para recoger a Lupe a Fernando?

4. Cuando uno baja del avión, ¿por dónde pasa primero?

5. Después de recoger las maletas, ¿por dónde se pasa?
6. ¿Qué le pasa a uno si le toca una luz roja en el semáforo?
7. ¿Cómo le parecía a Tinita que Lupe había cambiado?
8. ¿Cómo estaba el tiempo?
9. ¿Cómo lo pasó Tinita en casa de Mamá Grande?
10. ¿A quién llamó el papá de Tinita y por qué?
11. ¿Hasta qué hora siguieron platicando Tinita y Lupe?

DISCUSIÓN ORAL

1. Habla con toda la clase de los pasaportes. Si necesitas un pasaporte,
    ¿adónde vas para sacar uno en los Estados Unidos? ¿Qué necesitas
    llevar para sacar el pasaporte? ¿Cómo cuánto cuesta? ¿Por cuánto
    tiempo es válido un pasaporte americano? ¿Para qué necesitas un
    pasaporte? ¿Qué pasa si pierdes tu pasaporte o te lo roban? ¿Cómo
    puedes guardar efectivamente tu pasaporte cuando viajas?

2. Habla en un grupo con varios compañeros. ¿Hay personas en tu
    grupo que han viajado a otros países? Hablen de sus experiencias
    con la inmigración y la aduana. ¿Les pidieron sus pasaportes? ¿Les
    sellaron (*stamped*) sus pasaportes? ¿Pasaron sin problemas? En la
    aduana, ¿les permitieron pasar todo lo que traían o les quitaron
    algo?

DIÁLOGOS

1. Hagan un diálogo entre una persona que no se siente bien y otra(s)
    persona(s) que quiere(n) que vaya con un médico. Hablen de los sín-
    tomas y por qué la persona no quiere ir a ver al doctor. Hagan una
    cita por teléfono.

2. Inventen una conversación entre un(os) abuelo(s) y su nieto o nieta
    que no han se han visto en algún tiempo. Hablen de cuánto tiempo
    hace que no se ven. Mencionen la edad del nieto y algunos cambios
    físicos como su peso o estatura.

3. Crean un diálogo entre un oficial de inmigración o aduana con unos
    turistas. No olviden pedir los pasaportes e información que les
    parezca importante. El/la aduanal tiene el derecho de revisar las
    maletas. ¿Hay alguna complicación?

PARA ESCRIBIR

1. ¿Has viajado alguna vez sin tus padres o sin adultos? ¿Tuviste algún problema o alguna complicación o te fue bien y sin problemas? ¿Cuántos años tenías? ¿Te sentías nervioso?

2. Si has viajado al extranjero, escribe de tus experiencias en inmigración y/o la aduana. Antes de escribir, piensa en las preguntas de que hablaron en la Discusión Oral y en Diálogo #3.

3. Has tenido la experiencia de compartir una recámara con otra persona por unas semanas o por más tiempo? ¿Quién fue tu compañero? —¿Un hermano, pariente, invitado (*guest*), desconocido (*stranger*)? ¿Dónde estaban? — ¿En tu casa, la casa de la otra persona, un campamento deportivo o de verano o de una iglesia? ¿La otra persona fue un buen compañero de cuarto o no? ¿Y tú? — ¿Fuiste un buen compañero? ¿Cómo se llevaron?

PARA INVESTIGAR

1. ¿Embajada o consulado? Investiga para aprender cuál es la diferencia entre las embajadas (y el embajador) y los consulados (y el cónsul). ¿Dónde está la embajada o el consulado mexicano más cerca de donde vives tú? ¿Hay embajadas o consulados de otros países en tu área? ¿De cuáles países hay?

2. Fernando y Lupe volaron de Denver a Monterrey vía Houston. Ponte a ver en el Internet los vuelos (*flights*) que hay entre Houston, Texas y Monterrey, México. Una manera de empezar tu búsqueda es en los sitios (*Web sites*) de las aerolíneas. ¿Hay muchos vuelos diarios? ¿De cuáles aerolíneas hay? ¿Cuánto cuesta un boleto de ida y vuelta (*roundtrip*)? ¿Es más barato volar de Houston a México D.F. o a Cancún?

8
Mujeres

Vocabulario

cortar con *to break up with*
el resultado *result*
deprimido *depressed*
el arreglo *arrangement*
el consejo *advice*
sencillo *simple, easy*
soñar con *to dream about*
los demás *the rest, others*
salón de belleza *hair salon,
  (beauty shop)*
el sacerdote *priest*
de hoy en adelante *from
  today on*

el derecho *right*
la responsabilidad *responsibility*
tener lugar *take place*
pasarlo a todo dar *to have a
  great time*
el mariachi *traditional Mexican
  musician*
el charro *Mexican cowboy*
el vaquero *cowboy*
el acontecimiento *event*
el entrenador *coach*
maduro *mature*
el orgullo *pride*

EJERCICIO DE PRELECTURA

A. *Usa el vocabulario para completar las siguientes frases.*

El otro día me llamó mi amigo Rodolfo. Su novia, Ana María,

acababa de cortar con él y estaba _____. Le dije: —
                                          1.

Mira, Rodo, te voy a dar un _____. Lo que tienes que
                                  2.

hacer no es difícil. Al contrario, es muy _____. Vamos
                                               3.

a salir con todos nuestros amigos. Tú háblale a Julio y yo les hablo a

_____. Dile a Julio que la fiesta _____ en
4.   5.

la discoteca esta noche a las nueve. No debes _____
                                                                                   6.

Ana María más. ¡_____ eres un hombre libre! Después
                                    7.

de la discoteca, vamos a buscar a unos _____ y vamos a
                                                                      8.

cantar con ellos. ¡Nos vamos a divertir y vamos a _____!
                                                                                        9.

Para leer mejor

Lo más probable, ya aprendiste que la terminación (*ending*) «**-ción**»
equivale a «*-tion*» en inglés y que «**-idad**» corresponde a   «*-ity*»; y que
todas las palabras que terminan en «**-ción**» y en «**-idad**» son femeninas.

Observa las siguientes palabras que ya aparecieron en *Tinita* y
exprésalas en inglés.

1. celebración
2. conversación
3. opción
4. inmigración
5. tradición
6. universidad
7. habilidad
8. cantidad
9. realidad
10. responsabilidad

Ahora, expresa las siguientes frases en español. Cuidado con los
artículos, los adjetivos, los acentos y los plurales.

1. the tranquil solemnity
2. the United Nations
3. some foreign universities
4. a secret identity
5. those complicated instructions
6. no (not any) good solution
7. our forgotten generosity
8. many ancient civilizations

Para tu información

Hoy día hay mariachis en muchas partes del mundo, pero estos
músicos tienen su origen en el estado mexicano de Jalisco, donde está
Guadalajara, la segunda ciudad más grande de México. La ropa que
usan los mariachis es como la de los charros, los vaqueros jaliscienses.

Mujeres

Al día siguiente, Papá llevó a Mamá Grande a su cita con el Dr. Miravalles. Había sido el médico de la familia desde hacía casi veinte años. Se preocupó cuando vio a Mamá Grande, y mandó hacer pruebas médicas. Los resultados sorprendieron a todos. Mamá Grande tenía cáncer del estómago. Estaba muy avanzado. Tuvimos que empezar a pensar en la vida sin la abuela. Mamá Grande siempre había sido una persona fuerte. Cuando un familiar o amiga se enfermaba, ella ayudaba, cocinaba, consolaba. Ahora, nosotros teníamos que ayudar, cocinar y consolarla a ella. Era muy difícil para mí, bueno, y para todos. Además, para Lupe y para mí había otra complicación.

Me parecía que habían pasado años desde aquel domingo cuando mis tíos primero hablaron de mudarse de Monterrey. En realidad, habían pasado solamente once meses, menos de un año. Aun aquel domingo, Lupe y yo preguntamos: — ¿Y nuestro quince? — No podíamos creer que los tíos se irían, y menos en este punto tan importante en la vida de Lupe. Ella estaba enojada, triste y deprimida. ¿Cómo le podían hacer esto sus padres?

Mi mamá fue la que salvó el día. Desde un principio, ella ofreció hacer los arreglos para la celebración de las dos, Lupe y yo. A veces, mi mamá me molestaba mucho. Siempre tenía muchas reglas y consejos para todo. Quería saber todo lo que pasaba en mi vida, adónde iba, con quién había estado, qué había hecho. Pero, a veces, como ahora con el quince, Mamá me sorprendía.

Desde la fiesta de los catorce años en Aquamundo, Mamá y yo habíamos tenido muchas conversaciones de la quinceañera y cómo sería. Como Lupe y yo éramos de las más jóvenes entre nuestras amigas, casi todas las compañeras en el colegio ya habían cumplido quince años. Entonces, me había tocado ir a muchas fiestas durante el año escolar. Cuando las familias podían, hacían fiestas grandes y elegantes. Otras familias hacían quinceañeras más sencillas. A algunas compañeras, sus padres les habían dado dos opciones: la quinceañera ahora o un carro a los diez y seis años cuando ya podían sacar la licencia de manejar. Era una decisión difícil. En mi caso, fue fácil.

Digo que fue fácil porque no hubo decisión. Mis padres simplemente dijeron que no había el dinero. La gran quinceañera que habíamos soñado Lupe y yo no se haría realidad. Pero tengo que decir que Mamá y las tías trabajaron mucho para hacer una fiesta inolvidable. La fecha se fijó para el 11 de julio. Las noticias del cáncer del Mamá Grande se supieron el 8 de julio.

Mi abuelita, una gran señora, nos enseñó a todos una última lección de pensar en los demás. Insistió en que nuestra fiesta se celebrara. Ella no iría, pero la misa, la fiesta y la cena sí se harían. Y NADIE en la familia podía oponerse a Mamá Grande.

La mañana del 10 de julio, Papá les dijo a Lupe y a Fernando que los tres tenían que salir a un secreto a las seis de la tarde, y él se fue a trabajar con una sonrisa misteriosa. A las seis en punto llegó a la casa por ellos. Yo quería ir, pero no me permitió a mí ni a nadie más acompañarlos.

Como dos horas después, Mamá me pidió ir con ella para visitar a Mamá Grande. Poco después de haber llegado, oímos llegar a Papá.

— Madre, vengo con una sorpresa. — ¡Y qué sorpresa! Entraron Lupe, Fernando y sus padres.

— Fue en parte por eso que no podíamos gastar más en la quinceañera, Tinita — dijo Papá. — ¿Cómo podíamos hacerles una celebración así sin tener a los padres de Lupe aquí, y más a como está Mamá Grande ahora?

No había sido fácil para el tío David dejar su nuevo restaurante en Denver. Además habían dejado a mis primos menores con los padres de Tía Amanda. Nuestros tíos estarían sólo tres días en Monterrey.

El día 11, Lupe y yo fuimos al salón de belleza, donde nos peinaron y nos pintaron las uñas. Después nos maquillamos y nos pusimos los vestidos. Antes de llegar a la misa, fuimos a la casa de Mamá Grande. Allí nos sacaron fotos con ella en la cama. Después, fuimos a la iglesia. No tuvimos ni damas ni chambelanes, pero sí tuvimos una misa. Estuvieron presentes nuestras familias y muchos amigos. El sacerdote era el tío Abel, en realidad, un primo de Papá y Tío David. Nos habló muy bonito, diciendo que recordaba cuando Lupe y yo éramos bebés y después niñas. De hoy en adelante, ya éramos mujeres, mujeres con derechos y también responsabilidades. Teníamos las responsabilidades de ser buenas hijas y hermanas y, en el futuro, buenas esposas y madres y mujeres. Fue una misa muy bella.

De allí fuimos al Taco Norteño, donde tuvo lugar la cena. Papá y los cocineros habían preparado una cena increíble. Tía Paula hizo un pastel enorme para el postre. Tío David nos sorprendió con mariachis. Tío Alejandro, el cómico de la familia, también era el cantante de la familia. Mientras los mariachis tocaban «Las mañanitas», el tío nos cantó a Lupe y a mí. Luego, todos nos cantaron. Entonces, tocaron un vals. Yo bailé con mi padre y Lupe bailó con el suyo. No estábamos en el salón elegante y fino que habíamos imaginado, pero sí estábamos bailando con nuestros padres, y nuestros parientes y amigos estaban allí con nosotras. Los mariachis se fueron y siguieron la música con discos. Todos estaban bailando y pasándolo súper bien. La fiesta siguió hasta las tres de la mañana. Por semanas después, cada vez que veíamos a un amigo, a los padres de amigos, a los meseros del Taco Norteño, todos decían: — ¡Lo pasé a todo dar! ¡Me divertí cantidades! y ¡Qué padre fiesta! — ¡Y era la verdad!

PREGUNTAS DE COMPRENSIÓN

1. ¿Cuál era el problema de Mamá Grande?
2. ¿Cuál era otro problema para Lupe y Tinita?
3. ¿Quién ayudó a resolver el problema de las chicas?
4. ¿Cuál era una opción que algunos padres les daban a sus hijas?
5. ¿Por qué no tuvieron una gran fiesta de quinceañera Tinita y Lupe?
6. ¿Cuál era la fecha de la fiesta?
7. ¿Cuál fue la sorpresa del papá de Tinita?
8. Describe cómo se prepararon las muchachas para su quinceañera.
9. ¿A cuáles tres lugares fueron durante su celebración y para qué?
10. ¿A qué hora terminó la fiesta?
11. No pudieron tener una fiesta elegante, entonces, ¿cómo lo pasaron al final?
12. ¿Qué crees que fue lo mejor para todos?

DISCUSIÓN ORAL

1. Hablen con toda la clase de los mariachis. ¿Quiénes los han visto tocar? ¿En dónde? ¿Cuál fue su impresión de la música y la ropa? ¿Tenían los mariachis algún toque (touch) moderno como llevar un teléfono celular? ¿Recuerden algunas de las canciones que tocaron?

2. ¿Recuerdas una vez cuando tu padre o tu madre, tu padrastro o tu madrastra, u otro familiar te sorprendió al hacer algo muy especial para ti que no esperabas? Hablen de quién fue y qué fue lo que hizo esta persona. ¿Cómo te sentiste?

3. ¿Has ido a una fiesta o celebración de sorpresa para alguien? ¿Se pudo mantener la sorpresa hasta la fiesta? ¿Qué hicieron para mantener la sorpresa? ¿Qué tipo de fiesta era? ¿Era de cumpleaños, aniversario, graduación, despedida, etc.? ¿Cómo fue la fiesta? ¿Se divirtieron?

DIÁLOGOS

1. Inventen una escena en que han preparado una fiesta de sorpresa para alguien. Hablen del tipo de fiesta que es y la reacción que esperan de la persona. Muestren su reacción al llegar.

2. Uds. se están arreglando para un acontecimiento elegante. Describan lo que están haciendo mientras lo hacen, por ejemplo, maquillándose o poniéndose la corbata. ¿Cómo se sienten? ¿Cómodos o incómodos en esta ropa? ¿Emocionados o aburridos? Hablen del acontecimiento al cual van y cómo piensan que va a ser.

3. Uds. quieren hacer una fiesta, pero tienen muy poco dinero. ¿Qué tipo de fiesta va a ser y qué pueden hacer sin gastar?

PARA ESCRIBIR

1. ¿Alguien — tu padre, tu madre, un abuelo, un tío, un sacerdote, un maestro, un entrenador — te ha hablado como el sacerdote les habló a Tinita y Lupe? Si alguien una vez te habló de lo que significa «ser adulto»o «ser maduro», escribe de lo que te platicó y cómo te ha afectado.

2. ¿Hubo una vez cuando tú querías algo mucho y no lo recibiste, pero todo salió muy bien al final? Habla de qué fue lo que querías y por qué no lo recibiste. ¿Qué pasó después y por qué resultó bien o no?

3. ¿Alguna persona que tú querías mucho se ha enfermado de algo grave como la abuela de Tinita? Escribe de cómo te afectó a ti la experiencia. ¿Qué sentiste? ¿Qué pensaste? ¿Qué aprendiste?

PARA INVESTIGAR

1. Infórmate de un restaurante mexicano en tu área que tenga mariachis. Si conoces a personas de habla hispana, pregúntales si saben de uno o habla con estudiantes de inglés como segunda idioma. A veces estos restaurantes ponen un anuncio enfrente, diciendo algo como «Mariachis los viernes 7-10». Si hay periódicos en español en tu área, busca anuncios de mariachis. También puedes buscar en el Internet o en las páginas amarillas de la guía telefónica. Ya que encuentres donde hay, ve a cenar con amigos o familiares. Puedes pedirles a los mariachis que toquen alguna canción. Todos los mariachis saben las tradicionales canciones populares en México

como «Las mañanitas», «La bamba» y «Cielito lindo». También cantan muchas románticas tradicionales como «Bésame mucho» y «El reloj», otras más de hombres como «El rey» y otras de orgullo nacional como «Guadalajara». Algunos mariachis piden un precio fijo para cada canción mientras otros trabajan para propinas. La cantidad de la propina puede depender de varias cosas, pero sería bueno darles quizás unos cinco dólares por canción. Si hay celebraciones del 5 de mayo o del 16 de septiembre en tu área, allí puedes ver y oír a mariachis también.

2. Si no sabes cómo se visten los mariachis o cómo es la música maria-chi, en el Internet, busca imágenes y fotos de mariachis para ver el típico traje de charro en que se visten. Los charros son vaqueros mexicanos que se originaron en el estado de Jalisco, donde está Guadalajara. También escucha música mariachi para aprender más. Puedes buscar en en Internet o informarte de estaciones de radio en tu área donde tocan este estilo de música tan simpático.

3. Si quieres ver un rodeo, o si ya los conoces y sabes que te gustan, busca un rodeo mexicano de charros y ve con amigos. Por ejemplo, en Denver, donde vive Lupe, cada año en enero hay una exposición ganadera (*stock show*) muy grande, y se dedica una noche al rodeo mexicano. Los charros de hoy día vienen de una larga tradición de vaqueros mexicanos de grandes habilidades.

9
Mamá Grande

Vocabulario

el luto *mourning*

el velorio *wake*

difunto *deceased*

empeorar *to worsen*

complicado *complicated*

el lado *side*

fallecer *to pass away*

el entierro *burial*

la princesa *princess*

el cementerio *cemetery*

a la vuelta *around the corner*

nunca jamás *never ever*

la pesadilla *nightmare*

requerir *to require*

evitar *to avoid*

el traslado *move, change of residence*

chiflado *spoiled*

EJERCICIO DE PRELECTURA

A. *Usa el vocabulario para completar los espacios.*

1. Después de una larga enfermedad, mi abuelo _____ en 2004.

2. Los problemas en la clase de cálculo no son fáciles, son _____.

3. La hija de un rey y una reina es una _____.

4. Algunas personas creen que en los _____ hay fantasmas que salen en la noche.

5. Anoche dormí muy mal y tuve una _____ con monstruos.

6. Está cayendo más y más nieve. La tormenta está _____.

7. Mi mejor amigo, Norberto, vive _____ de mi casa.

8. Después del accidente, no se podía abrir la puerta del _____ izquierdo de mi coche.

9. Para _____ problemas en esta clase, es mejor hacer toda la tarea.

10. Sacar una «A» en la clase _____ mucho trabajo.

11. Por lo general, cuando una persona muere hay un _____ y después, un _____.

Para leer mejor

En el Capítulo 5, leíste de la palabra «se» y como puede complicar la lectura, si no entiendes como se usa. Otra palabra que puede complicar la comprensión es «lo». Como complemento, «lo» expresa «*him*», «*it*» o «*you*». Por ejemplo:

¿Dónde está Ramón? No *lo* veo.   *Where is Ramón? I don't see him.*

¿Me prestas tu libro? *Lo* necesito.   *Will you loan me your book? I need it.*

A Ud. *lo* conozco, ¿no?   *I know you, don't I?*

«Lo» se usa también con adjetivos y adverbios. En tales casos, expresa «*thing*» o «*what*».

Lo mejor es estudiar.   { *The best thing is to study.* / *What's best is to study.*

Lo más difícil es ahorrar dinero.   { *The hardest thing is to save money.* / *What's hardest is to save money.*

Lo que me gusta es jugar fútbol.   { *The thing I like is to play soccer.* / *What I like is to play soccer.*

Finalmente, recuerda que «*it*», como sujeto de la frase en inglés, no se expresa en español.

Llueve.   *It's raining.*

Me gusta.   *I like it.*

Expresa las siguientes frases en español, usando «lo», si es necesario.

1. I don't understand what you're saying.
2. We don't want it.
3. Did you call him?
4. The worst thing is that I got an "F" on the test.
5. It's not true!

Para tu información

Las costumbres con respecto al luto varían mucho en las sociedades de habla hispana y tienden a ser más tradicionales en las áreas rurales que en las ciudades. En general, la costumbre del luto es más tradicional en Hispanoamérica que en los Estados Unidos. Poco después de que una persona muere, hay un «velorio» y vienen los amigos y conocidos para estar con la familia del difunto por un rato o por horas. En adición, el funeral suele tener lugar más pronto que en los Estados Unidos.

Mamá Grande

La salud de Mamá Grande empeoraba cada día. El Dr. Miravalles primero había dicho que tenía «unos meses» más de vida, pero muy pronto fue obvio que el cáncer la estaba consumiendo rápidamente. Mis tíos hablaron con mis padres cuando vinieron a la quinceañera. Decidieron que Fernando y Lupe no regresarían a Denver ahora, sino que se quedarían con nosotros en nuestra casa y Tío David regresaría a Monterrey para el funeral. Por un lado, yo estaba contenta de tener a Lupe con nosotros, pero, claro, me sentía triste al mismo tiempo.

Cuando las clases empezaron en agosto, Lupe fue conmigo, como tantas veces antes. En México, la primaria incluye del kínder hasta el sexto grado. Después sigue la secundaria, que es de tres años. Terminando la secundaria, los que piensan ir a una universidad van a una escuela preparatoria, que es de tres años también. Nosotras estábamos empezando «la prepa». Esto era un gran cambio para mí, aunque no para Lupe, que ocho meses antes había entrado a una «high school» en Denver.

Sabíamos que después del funeral, ella tendría que regresar a Denver con sus padres. Lupe, por su parte, quería estar con la familia y las amigas en Monterrey, pero yo sabía que extrañaba muchísimo a sus padres, a sus hermanitos y a sus parientes. ¿Por qué tenía que ser tan complicada la vida?

Mamá Grande murió el 12 de octubre. Papá le había llamado a Tío David unos días antes, y él había volado a Monterrey. Gracias a Dios, todos los hijos de Mamá Grande estuvieron a su lado en su último día. Cuando una persona fallece, o sea muere, en México hay un «velorio» antes de la misa funeral y el entierro. Tres meses antes, Lupe y yo habíamos sido princesas en nuestros vestidos elegantes. Ahora estábamos vestidas de negro. Los velorios son tristes y nunca me han gustado. Entiendo que es una manera de compartir la pena con los familiares, pero no me gustan. El sacerdote que celebró la misa funeral fue el mismo Tío Abel, y estuvo con nosotros en el cementerio. Después toda la familia se reunió en nuestra casa.

Después de cenar, Lupe y yo estábamos ayudando a lavar los platos cuando nuestros padres salieron al patio para hablar. Desde la ventana de la cocina, se veía el patio. Los dos hombres se veían muy serios. Yo decidí sacar la basura de la cocina y echarla en el bote grande que estaba a la vuelta del patio. Me quedé escuchando la conversación.

— ¿Qué piensas de la idea, Jorge? — preguntó mi tío.

— No sé, David. Sería un cambio muy grande para todos, pero sobre todo para Tina y Juan Carlos.

— Es verdad, pero allí estaríamos nosotros para ayudarlos. A Lupe le encantaría tener a Tina con ella. El restaurante va muy bien, pero es difícil manejarlo yo solo. Entre los dos, podríamos tener un restaurante más grande que el Taco Norteño.

— Pues, ya le comenté la idea a Carmen, y no le gustó mucho.

¡Ay, cómo quería yo a mi mamá en ese momento! Yo no podía creer lo que estaba oyendo. ¿Cómo podía pensar Papá en llevarnos a vivir a Denver? Yo extrañaba mucho a Lupe y a su familia, pero nunca jamás se me habría ocurrido mudarme a Denver.

— Piénsalo, hombre. Alejandro, Sara y Paula pueden manejar el Taco Norteño. Y ahora que no está Mamá... — En ese momento, él dejó de hablar.

Papá continuó su frase: — Ahora que no está Mamá, no tengo por qué quedarme en Monterrey.

— La vida cambia, Jorge. La vida cambia.

Esa noche le platiqué a Lupe lo que había oído. No dormí muy bien, sólo recuerdo que tuve una pesadilla muy fea. Unos días después, Tío David, Lupe y Fernando regresaron a Denver. El sábado siguiente, Mamá y Papá nos llamaron a mis hermanos y a mí.

— Tinita, Juan Carlos y Beto, su madre y yo hemos estado pensando. — Hubo un silencio. — Nos vamos a mudar a Denver. No va a ser fácil, pero será lo mejor — continuó Papá

Siguió con todas las razones de por qué sería mejor, pero yo ya no estaba escuchando. En el último año, Lupe y su familia se habían ido de Monterrey, Mamá Grande había muerto, yo había empezado la prepa, y ahora nos íbamos. ¡Era demasiado!

— Requiere tiempo conseguir la visa de inmigrante — decía Papá. — Va a tomar meses. Lo más probable, van a poder terminar el año escolar aquí en Monterrey.

Esa noche, antes de dormirme, recordé la cara de Mamá mientras Papá nos estaba hablando. Me di cuenta que esto era difícil para ella. Entonces, recordé algo que me decía Mamá Grande.

— Tinita, a todos nos pasan cosas malas y difíciles. No podemos evitarlas ni cambiarlas. Pero cada persona controla su actitud y sus acciones.

Por primera vez en mi vida, pensé en mi papá y en lo que él estaba sintiendo. Él y Mamá siempre pensaban en nosotros. Ahora yo tenía que empezar a pensar en ellos.

PREGUNTAS DE COMPRENSIÓN

1. ¿Por qué se quedaron Lupe y Fernando en Monterrey?
2. ¿Por qué ir a la prepa no era un gran cambio para Lupe?
3. ¿En qué fecha murió Mamá Grande?
4. ¿En qué orden ocurren estas actividades: entierro, velorio, misa?
5. ¿Qué hicieron todos después de ir al cementerio?
6. ¿Por qué sacó la basura Tinita?
7. ¿De qué se enteró Tinita al sacar la basura?
8. ¿Qué opinaba su madre?
9. ¿Qué tres cambios grandes habían ocurrido en la vida de Tinita durante el último año?
10. ¿Por qué no se iban a mudar muy pronto?
11. ¿Más o menos cuándo se iban a ir?
12. ¿En quiénes tenía que pensar ahora Tinita después de la muerte de su abuela?

DISCUSIÓN ORAL

1. Qué es lo mejor y lo peor de las siguientes personas y cosas?
   (a) tu escuela
   (b) vivir donde vives
   (c) las vacaciones
   (d) un buen amigo tuyo
   (e) un pariente tuyo

2. ¿Recuerdan Uds. sus sueños? ¿Con qué sueñan? ¿Piensan que sueñan pero luego se les olvida lo que pasó? ¿Han tenido el mismo sueño varias veces? ¿Tienen pesadillas a veces? ¿De qué se tratan sus pesadillas?

3. ¿Qué opinan del consejo de Mamá Grande en el último párrafo de este capítulo? ¿Están de acuerdo o no? Hablen de experiencias en las que Uds. hayan mejorado o resuelto una situación por medio de sus actitudes o acciones.

DIÁLOGOS

1. Escriban un diálogo entre Tinita y su papá o mamá. El tema es el traslado a Denver.

2. Inventen un diálogo en el cual haya alguien chiflado que se cree muy importante. Incluyan en el diálogo la pregunta «¿Te crees princesa (o rey, para los hombres) o qué?»

PARA ESCRIBIR

1. Imagina ser Tinita. Escríbele(s) una carta a tu(s) padre(s) en la cual le(s) dices lo que no puedes expresar oralmente con respecto a lo que va a pasar. Puedes empezar con «Querido Papá / Queridos Papá y Mamá:» y terminar con «Te / Los quiere, Tinita.»

2. Escribe de una situación en la cual querías pensar en solamente ti, pero tuviste que pensar en otra(s) persona(s) primero.

3. ¿Ha inmigrado tu familia alguna vez? Explica cómo les afectó la experiencia a todos. Incluye información de los países adonde emigraron y por qué se mudaron.

PARA INVESTIGAR

1. Habla con varios inmigrantes de las costumbres en sus países con respecto a la muerte, los velorios, los funerales y los entierros. Después compara lo que aprendiste con los compañeros de la clase.

2. ¿Ya sabes algo del Día de los Muertos? Si ya has aprendido algo, ¡qué bueno! Aprovecha ahora para aprender más. Si no sabes mucho, aprovecha para empezar a aprender. Puedes hablar con inmigrantes de Hispanoamérica y buscar en Internet. Después debes saber las respuestas a las preguntas a continuación. ¿Cuándo es? ¿Por qué, dónde y cómo se celebra? ¿Quiénes lo celebran?

10
El amor

Vocabulario

el papel *role*

el chavo *boy, guy* (Mexican)

la sonrisa *smile*

la taquería *Mexican restaurant specializing in tacos*

la cuadra *(street) block*

presentar *to introduce*

el billete *bill (money)*

resultar *to result, turn out*

el equipo *team*

el campeonato *championship*

el / la futbolista *soccer player*

dirigir *to direct*

la cuenta *bill (to be paid)*

cruzar *to cross*

soltar *to turn loose of*

meter un gol *to score a goal*

el portero *goalie, goal keeper*

el tiempo *quarter in a sports game*

la pena *embarrassment*

la envidia *envy*

enamorado *in love*

EJERCICIO DE PRELECTURA

A. *Lee las siguientes preguntas o comentarios y escoge la mejor respuesta para cada uno.*

1. ¡Ganamos el campeonato!
   (a) ¡Felicidades!   (b) ¡Qué pena!

2. ¿Cuánto costó la cena?
   (a) No sé. Todavía no nos dan la cuenta
   (b) No sé. No tengo el billete.

3. ¿Adónde vamos para comer?
   (a) ¿Qué te parece si vamos a la nueva taquería?
   (b) ¡Vamos con todo el equipo!

4. ¿Es futbolista tu hermano?
   (a) Sí, caminó tres cuadras.   (b) Sí, es el porteˀ

5. Parece que Alfredo y Raquel se quieren mucho.

    (a) Sí, pronto van a cruzar la calle.

    (b) Sí, parece que están muy enamorados.

6. Me encanta la sonrisa de ella.

    (a) A mí también. Tiene los dientes muy blancos y bonitos.

    (b) Es que come mucho en la taquería.

7. Ese chavo no me gusta.

    (a) ¿Por qué? Es muy simpático.

    (b) Sí tiene un papel importante.

8. ¡No lo sueltes al perro!

    (a) ¡Va a ser la envidia de todos!

    (b) ¿Por qué? ¿Va a correr y tratar de cruzar la calle?

Para leer mejor

En este capítulo, vamos a repasar lo que hemos dicho hasta ahora. «Leer» es mucho más que saber pronunciar una palabra escrita o saber qué quiere decir en inglés, aunque estas dos cosas son parte de comprender lo que lees. Si te es difícil entender una lectura, trata de identificar la razón. El problema más común es no saber el significado de una palabra. Por eso es importante estudiar el vocabulario de prelectura y hacer ejercicios correspondientes. Hemos hablado de lo importante que es practicar la identificación de cognados (**proyecto** — *project*), palabras raíces (**tener** — *mantener*) y palabras relacionadas («escolar» y «escuela»). Sabes que no tienes que entender perfectamente cada palabra en una lectura, pero sí, hay que distinguir cuándo es crítico entender cierta palabra y buscarla en el diccionario si es necesario.

También hemos mencionado que conocer la gramática contribuye a la comprensión de una lectura . Por ejemplo, necesitas entender bien los tiempos verbales. Más adelante, vas a ver en este capítulo la frase «**siguió contando**». Si tú piensas «ésto quiere decir '*somebody tells something*'», pero no entiendes más, probablemente empezarás a tener problemas de comprensión. Debes poder reconocer que el significado es «*he/she kept on telling*». Otro punto gramatical importante es los complementos y el contexto en que se usan. «**Se**», por ejemplo, expresa diferentes ideas: «*se* **puso el sombrero**», «*se* **besan**», «*se* **habla español**». En futuros capítulos, vamos a hablar de estrategias globales que también puedes utilizar.

(¿Pensaste en los cognados para entender esta última frase? «Estrategias globales» quiere decir «global (=overall) strategies» y «utilizar» es «utilize, use».)

Para tu información

Las taquerías mexicanas son muy populares y, por lo general, no son restaurantes muy formales. Algunos son bastante informales. Muchas veces tienen un menú sencillo, aunque algunos son restaurantes muy completos. En México, las tortillas son, generalmente, más pequeñas que las en los Estados Unidos, y son más comunes las de maíz que las de harina. La tortilla se puede rellenar (*to fill*) con muchas cosas: carne, frijoles, huevos, verduras, queso, chile, salsa, etc. Los tacos al carbón (*grilled*) son de los más populares — ¡y riquísimos!

El amor

Aquel año escolar me iba muy bien. Sacaba mejores notas que nunca. En la prepa había hecho nuevas amigas, y claro, también tenía las de antes. En el nuevo colegio, los profesores me llamaban «Cristina», que se oía más formal y mayor que «Tina», pero me gustaba. Pronto casi todos, hasta algunas de mis amistades de antes, me decían «Cristina».

Además, había conocido a un chavo que se llamaba Luis. Era alto y moreno, y a muchas de las chicas les fascinaba, sobre todo porque tenía una sonrisa increíble. Empezamos a conocernos cuando nos tocó trabajar en el mismo grupo para un proyecto en la clase de ciencia. Todos intercambiamos nuestros números de teléfono para el proyecto. Decidimos reunirnos un sábado en la tarde para trabajar.

Todos vinieron a mi casa. Trabajamos mucho, pero también nos divertimos. Pablo, otro chico del grupo, propuso que fuéramos los cuatro a cenar en una taquería que estaba a cuatro cuadras de mi casa. Mientras mis compañeros llamaban a sus padres para pedirles permiso, yo fui a hablar con Papá.

«Papá, ¿puedo ir a la taquería a cenar con mis amigos?»

— ¿Quiénes van, mi hija?

— Los del proyecto, Papi.

— Buena, conozco a Gabi, pero no a los muchachos.»

— Ay, Papá, son buenos muchachos. Yo te los presento.

— ¿A qué hora piensan ir?

— En unos minutos.

— ¿Y cuándo van a regresar?

— No sé. ¿En dos horas?

— ¿Dos horas para comer un taco?

— No sé, Papá. También vamos a platicar.

— Pues, ¿qué te parece si cenan y regresan a la casa. Aquí pueden platicar.

— Está bien, Papi. ¿Me puedes dar dinero?

— Sí, Tinita, toma — me dijo, sacando un billete de cincuenta pesos.

A veces Papá era peor que Mamá con las preguntas, sobre todo si yo iba a algún lugar donde habría muchachos. Antes de dejarnos ir, vino a conocerlos y hablar un poco con ellos. Resultó que el padre de Luis había sido compañero de Papá en la prepa. Papá se puso a hablar de que los dos también fueron compañeros en un equipo de fútbol. Luego, siguió contando de un juego para quién sabe qué campeonato. Luis y Pablo, que también eran futbolistas, empezaron a platicar con Papá de su equipo en la prepa. ¡Yo pensé que nunca nos iríamos! Cuando Gabi y yo ya estábamos aburridas, Papá dijo: — Pues, jóvenes, Uds. tienen hambre, ¿verdad? — Y finalmente nos dejó ir.

Caminando a la taquería, Gabi iba adelante con Pablo, y yo atrás con Luis.

— A tu padre le gusta mucho el fútbol, ¿verdad? — preguntó Luis.

— ¡Demasiado! Todos los fines de semana ve los juegos en la tele y siempre va a los juegos de mis hermanos.

— Y a ti, ¿no te gusta?

¿Qué contestaba? La verdad era que no me gustaba, pero sabía que a Luis le encantaba.

— Pues, a veces voy a los juegos de mis hermanos — le dije.

— ¿Por qué no vienes a vernos jugar el lunes contra el equipo de la prepa del Tec?

— Pues, voy a ver. Tengo que pedirle permiso a mi papá, y va a ser toda una interrogación.

— Ay, Cristina, exageras. Tu padre me pareció muy simpático.

— Sí, es muy simpático, pero muy estricto, sobre todo con su única hija.

— Bueno, espero verte en el juego — y me dirigió aquella sonrisa tan famosa entre mis compañeras. Con eso, olvidé todo.

La comida de la taquería no era tan buena como en el Taco Norteño, pero no importaba. Lo pasamos súper bien, platicando y riéndonos. Llegó la cuenta y los chicos insistieron en pagar por nosotras. De regreso, tuvimos que cruzar una calle grande. Había muchos carros y teníamos que correr.

— ¡Vámonos! — gritó Luis. Con eso, me agarró la mano y empezó a correr. Al otro lado de la calle, tardó en soltarme la mano.

En la casa los cuatro seguimos platicando en la sala. Papá iba y venía con frecuencia. Mis hermanos y Mamá también pasaban. Llegaron mis tíos Sara y Raúl y nos saludaron. Con tanta gente, nos divertimos mucho hasta que los compañeros se tuvieron que ir a las diez.

Apenas se fueron y Juan Carlos empezó a cantar: — ¡Tinita tiene novio! ¡Little Bathtub tiene novio!

— ¡Ya, hombre, cómo molestas!

— Betito entendió el juego y también empezó a cantar.

— ¡Mamá, Papá! ¡Diles que me dejen en paz!

Esa noche tardé mucho en dormirme. Soñé que yo estaba en un juego, y Luis metió un gol en el último minuto para ganar el juego. Todos estaban como locos, pero él me sonreía a mí y a nadie más.

El próximo día, el domingo, me habló Luis en la noche. Pasamos casi una hora en el teléfono. Le dije que había hablado con Papá y que sí me iba a permitir ir al juego el lunes con Gabi. Le conté que yo había soñado que él metió un gol para ganar. Claro, no le dije lo de la sonrisa. El respondió con una risa diciendo: — ¡Y eso que soy portero!

Sentí pena por mi ignorancia, y decidí que tendría que aprender las reglas del fútbol. Fui al juego el lunes. Claro que Luis no metió ningún gol, pero sí detuvo a los del Tec varias veces. Nosotros perdimos 5-2, pero no me importaba en lo más mínimo. Para mí, el momento más emocionante del juego fue cuando primero me vio Luis y me saludó de lejos. Movió mucho el brazo en el aire y me mandó una sonrisa muy grande. Gabi dijo: — ¡Ay, Tina! No cabe duda que te saludó a ti y a nadie más. ¡Eres la envidia de todas las chicas aquí!

Estábamos con un grupo de unas diez compañeras. Gracias a Gabi, terminando el primer tiempo, ya sabían todo lo que había pasado en mi casa y en la taquería el sábado. Era cierto lo que había dicho Gabi, yo era la envidia de muchas de las compañeras. ¡Y yo, sin duda, estaba enamorada!

PREGUNTAS DE COMPRENSIÓN

1. ¿Cómo llamaban a Tinita en el nuevo colegio?

2. Describe a Luis.

3. ¿Cómo conoció Tinita a Luis?

4. ¿En dónde se reunió el grupo para trabajar?

5. ¿Quiénes estaban en el grupo además de Tinita?

6. ¿Adónde fueron después?

7. ¿Qué conexión tenían Luis y el papá de Tinita?

8. ¿Qué deporte tenían en común el padre de Tinita, Luis y Pablo?

9. ¿A Tinita le gustaba este deporte?

10. ¿A qué invitó Luis a Tinita?

11. ¿Qué hizo Luis cuando iban caminando y por qué?

12. ¿Qué ocurrió en el sueño de Tinita?

13. ¿Por qué no podía pasar en realidad su sueño?

14. ¿Cómo se sentía Tinita al final del capítulo?

DISCUSIÓN ORAL

1. ¿Qué pasa cuando Uds. tienen que trabajar en equipo para un proyecto en una clase? ¿Se reúnen fuera de clase? ¿Dónde? ¿Hacen algo más, además de trabajar? ¿Se divierten? ¿Les gusta trabajar en equipo o no? ¿Por qué?

2. ¿Cómo son sus padres con Uds.? Tinita usó la palabra «interrogar» hablando de su padre. ¿Los interrogan a veces sus padres ? ¿Les parece que sus padres les dan mucha libertad? Cuando Uds. sean padres, ¿serán estrictos o no? ¿Van a tratar igualmente a sus hijos y a sus hijas?

3. Tinita y Luis pasaron una hora hablando por teléfono. ¿Cuánto tiempo pasan Uds. en el teléfono con amigos? ¿Pasaban más o menos tiempo cuando eran más jóvenes? ¿Cuáles otros métodos de comunicación usan: mensajes electrónicos, mensajes de texto, notitas que se escriben durante alguna clase?

DIÁLOGOS

1. ¿Recuerdan su primer día de prepa? Creen un diálogo entre amigos el día anterior al primer día de prepa.

2. Hagan un diálogo entre un papá / una mamá y su hijo / hija que le pide permiso para salir. Este papá es como el de Tinita, o sea, hace muchas preguntas y quiere saber todo.

3. Creen un diálogo entre Tinita, que acaba de llegar del juego de Luis y miembros de su familia, que quieren saber todo lo que pasó.

PARA ESCRIBIR

1. Los padres de Tinita siempre le hacen muchas preguntas. Describe, para ti, el padre o los padres ideal(es). ¿Son estrictos o liberales? ¿Les dan a sus hijos mucha libertad? ¿Tienen muchas reglas? ¿Muchas expectativas?

2. Escribe de una experiencia que tuviste trabajando en equipo, o sea, en grupo una vez. ¿Fue buena o mala? ¿Aprendiste mucho o no? ¿Una persona acabó haciendo más trabajo que las otras? ¿Tuvieron que hacer una presentación oral?

3. Si ya estuviste enamorado(a), escribe sobre esa experiencia. ¿Cuántos años tenías? ¿Cómo era el muchacho / la muchacha? ¿Por qué te enamoraste? ¿Qué opinaba tu familia? ¿Qué llegó a pasar?

PARA INVESTIGAR

1. ¡Si nunca has visitado una buena taquería, te has perdido de una comida muy sabrosa! Hoy día hay taquerías en muchas ciudades en los Estados Unidos. Infórmate de dónde hay una buena en tu ciudad y visítala pronto. Antes de ir, trata de hablar con alguien que sepa de taquerías. Pregúntale qué platillos pide cuando va a una taquería.

2. En el Internet, investiga las «taquerías». Aprende más de las variedades de taquerías en Monterrey y en otras partes de México. Mira un menú típico y los precios. Averigua la tasa de cambio de pesos mexicanos a dólares. (*Find out the exchange rate between pesos and dollars.*)

11
Una nueva vida

Vocabulario

el cerro *hill, mountain*
la silla *horse saddle*
la cadena *chain*
caerle bien *to like*
vigilar *to watch over*
el mono de nieve *snowman*
ensuciar *to get dirty;* **ensuciarse**
  to get one's self dirty
manchar *to stain;* **mancharse**
  to stain one's self or one's clothing
el cielo *sky*
la duda *doubt*
pegajoso *sticky*

los preparativos *preparations*
los bienes materiales
  possessions
el pasillo *aisle*
emocionante *exciting*
despegar *to take off*
la vista *view*
el pensamiento *thought*
devolver *to throw up*
la bolsita *little bag*
la cascada *waterfall*
la cordillera *mountain range*

EJERCICIO DE PRELECTURA

A. *Completa las frases con el vocabulario apropiado.*

1. Ya terminamos los _____ para nuestra presentación. ¡Estamos listos!
2. El policía estaba _____ a los muchachos que
   hacían una gran fiesta en el parque.
3. Ayer, el avión _____ una hora tarde.
4. Mi pobre hermanito estuvo enfermo toda la noche. _____
   tres veces.
5. El edificio de nuestra escuela es viejo y los _____
   son muy estrechos. Es difícil caminar cuando hay muchos estudiantes.

6. Esa _____ es muy bonita, pero necesito una más grande para todas las cosas que llevo.

7. Era un día precioso, con mucho sol y un _____ muy azul.

8. Tengo mis _____. No creo que él diga la verdad.

9. En las montañas hay muchas _____ muy hermosas.

10. Nuestro equipo ganó el juego en el último minuto. ¡Fue muy _____!

11. Me gustaron esos caramelos, pero estaban muy _____ y necesito lavarme las manos ahora.

12. El hombre murió sin dejar un testamento, pero tenía muy pocos _____.

13. La tormenta fue tan grande que cancelaron las clases. Los niños salieron e hicieron un _____.

14. Albert Einstein fue un hombre de _____ muy profundos.

15. ¡Ay, niño! ¡Te puse esa ropa hace una hora y ya te la _____!

Para leer mejor

Lo más probable es que ya hayas visto u oído frases como «se me olvidó mi tarea» o «se le perdieron las llaves». Es como decir «yo olvidé mi tarea» o «él perdió las llaves», pero de manera menos directa y personal. En este capítulo vas a leer frases como «se me cayó un cono de chocolate» y «se me manchó toda la camisa». ¿Qué quieren decir y por qué crees que la persona usa la expresión «se me» en vez de decir «yo»? Expresa las siguientes frases en inglés.

1. Se me olvidó llamar a mis padres y ahora tengo problemas.

2. A Julio se le cayó la leche.

3. ¡Uf! Se me quebraron dos vasos.

4. A los cocineros se les quemó la carne.

5. ¡Ay, se me ensuciaron los jeans!

6. ¿Qué se te perdió?

7. A Sofía siempre se le olvida la tarea.

8. Se nos quedó en casa el CD para la fiesta.

Para tu información

La Sierra Madre es la principal cordillera de México. Esta cadena de montañas atraviesa a México de norte a sur e incluye la Sierra Madre Occidental, al oeste del país; la Sierra Madre del Sur y la Sierra Madre Oriental, al este. Monterrey se encuentra al norte de la Sierra Madre Oriental. El Cerro de la Silla (*Saddleback Mountain*) se considera un símbolo de esa ciudad y mide unos 1820 metros o 5971 pies.

Una nueva vida

Gracias a Luis, yo aprendí mucho de fútbol. Pasábamos mucho tiempo en el teléfono, y siempre encontrábamos de qué hablar. Poco después del primer juego de fútbol a que asistí, le conté a Luis que mis padres planeaban mudar a la familia a Denver. Luis dijo que no le importaba, que podíamos disfrutar el tiempo que nos quedaba. Empezamos a ir a fiestas juntos, y a salir con amigos. El venía a mi casa casi cada sábado. Papá siempre pasaba tiempo con nosotros. El decía que Luis le caía bien, es decir que le simpatizaba. Yo sabía que era verdad, pero entendía también que de esa manera Papá podía vigilarme. Siempre que llegaba Luis, Papá venía a saludarlo. Si estábamos viendo la tele, él venía a sentarse con nosotros; si estábamos comiendo algo, llegaba a comer con nosotros. Cuidaba a su hijita como un buen padre mexicano, pero me molestaba mucho tenerlo allí siempre.

Desde la muerte de Mamá Grande, la comida de los domingos se hacía en las diferentes casas de los tíos. Un domingo de marzo estábamos en la casa de mis tíos Sara y Raúl cuando alguien les preguntó a mis padres cómo iba el proceso de emigración.

— Creo que en dos o tres meses tendremos el permiso — respondió Papá. Yo, sinceramente, trataba de no pensar en nada de eso. No quería escuchar esa conversación.

— Qué bueno — comentó Tía Sara. — Así pueden irse al terminar las clases. Además no van a llegar en tiempo de frío.

— ¿Hace mucho frío allí? — preguntó mi prima Julieta de diez años.

— Así es, mi hija. — contestó su padre, Tío Raúl. — Tus primos van a poder hacer monos de nieve en el invierno.

Al oír esto, se le hicieron grandes los ojos a mi primito Diego, que tenía seis años.

— ¿Monos de nieve? ¿Cómo?

— Haces bolas grandes de nieve, y luego pones una arriba de la otra» dijo mi hermano Beto.

— ¿Y no los van a regañar sus papás?

— ¿Por qué?

— Se van a ensuciar mucho con la nieve, ¿no? A mí, una vez se me cayó un cono de chocolate que yo comía. Se me manchó toda la camisa y Mamá me regañó.

Con eso, todos nos reímos. «Nieve», en México, es otra palabra para «helado».

— Diego — le dijo su padre, — la nieve de Denver es agua que cae del cielo. Es lluvia fría, no es nieve para comer.

Se veía que a Diego le quedaban dudas. — ¿Y entonces esa nieve no es pegajosa?

— No hijito. Bueno, no creo.

La verdad es que había mucho que no sabíamos de la vida que nos esperaba. Yo tenía algo de miedo, y creo que a veces mis padres también sentían miedo. Sin embargo, siguieron con los planes. A finales de mayo nos llegó el permiso de inmigrar. Les hablamos a los tíos en Denver, y ellos estaban contentísimos de saber que iríamos en julio.

Por primera vez en mi vida, no quería ir a la escuela. Veía a mis amigas y a Luis, y sabía que me quedaba poco tiempo con ellos. Luis había dicho que podíamos seguir de novios de lejos, pero los dos sabíamos que era imposible. Un día le pregunté a Mamá si yo podía quedarme en Monterrey y vivir con algunos de los tíos. No quiso ni considerar la idea. Después, le hice la misma pregunta a Papá. Su reacción fue idéntica. Hasta comenté la idea a mi tía Paula. Ella respondió que yo debería de ver el cambio como una nueva vida. Me sentía como una niña, nadie me escuchaba para nada.

Mamá y Papá estaban ocupados con los preparativos para irnos. Mis tíos Sara y Raúl nos iban a comprar la casa porque hasta entonces habían estado rentando una. Tío Alejandro nos compró el coche.

Toda esa experiencia me enseñó que los bienes materiales no son lo más importante en la vida. Lo más importante es la gente: la familia, los amigos y los compañeros de escuela o trabajo. Las despedidas de mis amigas fueron difíciles, y la despedida con Luis fue todavía más difícil. Luego, tuve que decirles adiós a mis tíos y primos. Cuando llegó la fecha de la salida, yo ya tenía muchas ganas de irme. No quería decirle adiós a nadie más por el resto de mi vida.

Todos los tíos y primos nos acompañaron al aeropuerto de Monterrey. Luis había querido ir, pero le dije que sería mejor que no. Los tíos intentaban hacer algunos chistes. Todos los adultos se reían, pero a la hora del último adiós, hubo lágrimas. Yo también lloré, en parte porque estaba triste, pero también porque estaba enojada con mis padres por llevarme lejos de la vida que yo tenía, que yo conocía, y que me gustaba.

El avión iba a Houston, Texas. Allí tomaríamos otro avión a Denver. Era la primera vez que Juan Carlos, Beto y yo habíamos estado en un avión. Yo estaba al lado de la ventana, Beto en medio y Juan Carlos en el pasillo. La verdad, ¡era emocionante! Sentí miedo cuando despegó el avión, pero pronto estuve fascinada con la vista desde la ventana. Veía el Cerro de la Silla y muchas otras montañas de la Sierra Madre. Yo había visto esas montañas todos los días de mi vida, pero desde el cielo se veían muy diferentes que desde mi recámara. Sí, era verdad lo que había dicho Tía Paula. Aunque yo no quería, habíamos empezado una nueva vida. Estaba perdida en mis pensamientos cuando oí la voz de Juan Carlos.

— ¡Mamá, mamá!

— ¿Qué pasa, Juan Carlos?

— Es Betito... ¡Va a devolver!

— ¡Ay, Dios! ¡Rápido, agarra esa bolsita, Betito!

PREGUNTAS DE COMPRENSIÓN

1. ¿Cómo reaccionó Luis cuando Tinita le dijo que se iba a mudar?
2. ¿Quién pasaba mucho tiempo con Luis y Tinita?
3. ¿Por qué pasaba mucho tiempo con ellos?
4. ¿Por qué pensaba Diego que los padres de Beto lo iban a regañar?
5. ¿Por qué sentía miedo Tinita?
6. ¿Qué pregunta les hizo a sus padres Tinita?
7. ¿Qué hicieron con su casa y su carro?
8. ¿Qué aprendió Tinita de la experiencia?
9. ¿Quiénes les acompañaron al aeropuerto?
10. ¿Quién no fue al aeropuerto y por qué no fue?
11. ¿Por qué lloró Tinita?
12. ¿Qué podía ver Tinita desde la ventana del avión?
13. ¿Qué estaba por pasar al final del capítulo?

DISCUSIÓN ORAL

1. ¿Se enfermaron Uds. alguna vez durante un viaje en avión, coche u otro medio de transporte? Describan lo que pasó y cómo se sentían.

2. Luis sugirió que Tinita y él podían seguir de novios aun cuando Tinita se había mudado a Denver. ¿Creen Uds. que los romances de lejos pueden funcionar? ¿Alguien en el grupo ha tenido experiencia con un romance así?

3. ¿Creen Uds. que Tinita hizo bien en pedirle a Luis que no fuera al aeropuerto para despedirse de ella? ¿Fue egoísta de parte de Tinita? ¿Qué harían Uds. en esta situación? ¿Algunos de Uds. se han mudado y han tenido que despedirse de muchas personas? ¿Cómo se sentían al final?

DIÁLOGO

1. Uds. hacen un viaje a México con su profesor(a) de español. Desafortunadamente, alguien del grupo se enferma en el avión. Creen un diálogo basado en este tema.

2. Imagínense que son Tinita y Luis. Están en casa de Tinita viendo la tele cuando llega el papá de Tinita y empieza a hacer conversación.

3. Uds. son niños o jóvenes que están en la nieve por primera vez. Creen un diálogo con sus reacciones, lo que hacen y dicen.

PARA ESCRIBIR

1. En este capítulo, Tinita dijo que aprendió que lo más importante en la vida no son los bienes materiales sino la gente. ¿Qué opinas tú? ¿Qué es lo más importante en la vida para ti y por qué?

2. ¿Has volado en avión? ¿Recuerdas tu primer viaje? Escribe de tus recuerdos. ¿Adónde fuiste? ¿Con quién(es)? ¿Tenías miedo? ¿Estabas emocionado(a)?

3. Si tuvieras que (*if you had to*) mudarte mañana y abandonar todo, ¿que cosas positivas de tu vida actual extrañarías?

PARA INVESTIGAR

1. Cuando Tinita tuvo que mudarse sin querer, empezó a darse cuenta de todas las cosas que había dado por sentado (*taken for granted*) en su vida en Monterrey. Habla con un pariente tuyo — madre, padre o abuela, por ejemplo — que no sea tan joven como tú. Pídele que

hable de un punto en su vida cuando pasó por un cambio grande. ¿Se mudó? ¿De dónde a dónde? ¿Fue su decisión o la de alguien más? ¿Tenía miedo o dudas? ¿Estaba enojado(a) o emocionado(a)? ¿Se dio cuenta después de cosas que había dado por sentado?

2. En el Internet, busca información y fotos de la Sierra Madre, del Cerro de la Silla y de la Cola de Caballo. Esta última es una cascada cerca de Monterrey, popular para un día de paseo.

12
Bienvenidos a los Estados Unidos

Vocabulario

el paso *step*
resumir *to summarize*
la facilidad *ease*
el resumen *summary*
el comportamiento *behavior*
el sabor *flavor*
el arco iris *rainbow*
la humanidad *humanity*
desconocido *unknown, unfamiliar*
según? *according to*
el canal *channel*

de hecho *in fact*
entero *entire*
dar(le) la mano *to shake hands*
amigable *friendly*
entusiasmado *enthusiastic*
molesto *irritated, bothered*
dominar *to dominate*
en venta *on sale*
los muebles *furniture*
la red *network*
el presentador *TV host, news anchor*

EJERCICIO DE PRELECTURA

A. *Usa las palabras del vocabulario para completar las siguientes frases.*

1. Cuando conoces a una persona en México, es importante _____ al saludarlo.

2. El papá de Tinita es una persona muy _____. Le cae bien a todo el mundo.

3. Mis padres están enojados y _____ conmigo por lo que hice anoche.

4. Si no aprendes los _____, no puedes bailar.

5. Rentamos una casa, pero no tenemos camas ni nada. Necesitamos comprar _____.

6. ¿Sabes quién es ese señor allí? — No, para mí es un _____ .
7. Después de la lluvia salió en el cielo un _____ grande y hermoso.
8. Al final del verano, las tiendas ponen mucha ropa _____ .
9. No me gusta ese _____ de televisión. Siempre pasan muchas telenovelas.
10. Este helado es de _____ vainilla.
11. Juanito es un estudiante muy flojo. Sólo leyó un _____ de la novela y entonces escribió su informe. Por eso sacó una «D».
12. _____ la abuela de Tinita, no podemos evitar que nos pasen cosas malas pero podemos controlar nuestra actitud.
13. No me gusta mirar las noticias del Canal 5. El _____ del programa es muy aburrido.
14. ¡Ay! El sábado pasé el día _____ trabajando en el proyecto para la clase de inglés.

Para leer mejor

A veces, es posible seguir todas las estrategias de lectura mencionadas hasta ahora en esta sección (ver el Capítulo 10) y todavía no entender tanto como te gustaría. Vamos a pensar en lo que necesitas hacer después de leer. Ya debe ser más o menos fácil contestar las preguntas de comprensión al final de cada capítulo;. pero, esas preguntas son sólo el primer paso. Debes poder resumir con facilidad lo que pasó en el capítulo. Para practicar, puedes hacer un resumen escrito y/u oral. Después de leer un capítulo, habla con un compañero y contesta la pregunta «¿De qué trata este capítulo?» Entonces, escribe tu respuesta en un resumen de unas 30-40 palabras. Luego, dile a tu compañero en una frase lo que pasó. Finalmente, escríbelo en un resumen de una frase. Como ya sabes, la práctica hace al maestro. Mientras más haces resúmenes así, más fácil es. También esta técnica te puede servir al leer literatura en inglés, un capítulo en el texto de historia o para entender y aprender muchas otras cosas.

Para tu información

¿Qué quiere decir la palabra «bilingüe»? Probablemente, ya sabes que significa «hablar dos idiomas». Entonces, ¿qué quiere decir «bicultural»? Pues, significa poder funcionar en dos culturas diferentes. Lo que a veces se debe hacer en una cultura, no se debe hacer en otra. Aquí tienes un ejemplo: ¿llevas el mismo tipo de ropa cuando vas a una alberca (piscina), a la escuela y a una iglesia? ¡Claro que no! Imagínate que estás en México ahora mismo y esta noche vas a ir a una fiesta de quinceañera. ¿Sabes qué ropa vas a llevar? ¿Vas a llevar un regalo? ¿Cómo vas a saludar a la quinceañera, a sus padres, a los otros invitados? ¿Vas a bailar? ¿Qué tipo de música va a haber? Si eres hispanohablante y/o si has vivido en México, es posible que sí sepas las respuestas a estas preguntas, y entonces, eres bicultural. Si vienes de una familia inmigrante pero no hispanohablante, ¿eres bilingüe y bicultural? En este capítulo, Tinita va a empezar a aprender a ser bicultural.

Bienvenidos a los Estados Unidos

Cuando llegamos a Houston, tuvimos que pasar primero por inmigración. El oficial era un güero muy alto que nos habló en español.
— ¡Bienvenidos a los Estados Unidos! — dijo con un acento que me pareció cómico. Yo miraba alrededor y veía a tanta gente... gente diferente a la de Monterrey. En México hay güeros, o sea personas de pelo rubio y de piel blanca, pero no tantos como veía en ese momento. Nunca había visto a tantos güeros juntos en toda mi vida. Además había gente negra, asiática... gente de todos los colores y sabores. Me parecía un arco iris humano y me fascinaba. Esa fue mi primera impresión de los Estados Unidos en mi nueva vida, y creo que la recordaré el resto de mi vida.

Llegando a Denver, nos estaban esperando en el aeropuerto mis tíos David y Amanda, con Lupe y sus tres hermanos. Al verlos, sentí un gran alivio, en parte porque les decíamos «hola» en vez de «adiós», y en parte porque yo sabía que iba a poder verlos todos los días ahora. Ellos nos iban a ayudar a conocer este mundo que todavía nos era muy desconocido.

Nos llevaron a su pequeño «townhouse», una expresión que también se usa en español en Monterrey. Allí nos esperaba mucha comida. Había una carne sabrosa, arroz, frijoles, tortillas y más. Después de la comida, mis hermanos y yo fuimos a ver la televisión con los primos. Cuando la pusieron, me parecía estar todavía en México, pues era un canal en español. Juan Carlos también se sorprendió. Fernando, el mayor de los primos, nos vio las caras.
— Aquí hay canales en español y además hay estaciones de radio. Pero Uds. deben mirar los canales en inglés. Así van a aprender mucho.

Según Fernando, así fue como él y sus hermanos empezaron a entender y hablar inglés. Ellos ya llevaban un año y medio en Denver. Todos decían que Fernando hablaba inglés con poco acento español. En aquel entonces, yo no sabía lo suficiente para decir si era verdad. Sólo sabía que cuando lo escuchaba a Fernando hablar inglés, se oía como los güeros. Yo no me imaginaba llegar a poder hablar inglés como él. De hecho, todos mis primos parecían hablarlo muy fácilmente. Con nosotros hablaban español como siempre habíamos hecho, pero entre ellos a veces se hablaban en inglés. Casi parecían ser dos personas en una.

Pero había algo más que yo no podía describir: cuando salíamos con ellos al «mall», al cine, a la alberca, u otros lugares, se portaban diferentemente. Se veían más como americanos. Después, aprendí la palabra «bicultural». Mis primos no eran solamente bilingües, también eran biculturales. Todavía recuerdo nuestro primer día entero en Denver. Salimos afuera de la casa con los primos. Allí nos encontramos con unos chavos vecinos, a quienes Fernando nos presentó. Juan Carlos no tardó en darle la mano a un muchacho. Yo, por mi parte, le di un beso a una muchacha de unos dieciséis años. Ella pareció sorprendida. Los otros muchachos se rieron un poco. Yo sabía que había hecho algo mal, pero no entendía qué. Después hablé con Lupe.

— Es que aquí la gente no se besa así.
— ¿Ni las muchachas?
— No, ni las muchachas.
— Pues, ¿qué debo hacer al conocer a una persona?
— Simplemente le dices «hi».
— ¿Nada más?
— Nada más.
— ¡Ay, pero que frío!
— Para los mexicanos, sí. Para los americanos, no.

Al día siguiente fuimos a nadar, y allí conocimos a unos amigos de mis primos. Creo que Juan Carlos había hablado con Fernando porque en vez de darles la mano, él les dijo «*hello*», y simplemente movió la mano como cuando uno saluda de lejos a alguien. Yo dije «*hi*» y no hice más. Los amigos de mis primos dijeron «*hi*» y «*hello*» y dos de ellos saludaron con la mano en el aire igual a como había hecho Juan Carlos.

Aquella noche practiqué mis saludos con Lupe y mis tíos. Me sentía muy americana al decir «*Hi, I'm Cristina,*» y mover la mano como habían hecho Juan Carlos y los otros chavos, pero todavía me parecía poco amigable.

Juan Carlos, en cambio, parecía estar de vacaciones. Para él eran como un juego los cambios de idioma y cultura. Desde la primera vez que salió la idea de vivir en Denver, él había estado entusiasmado y quería irse. Aunque nuestro primo Fernando era tres años mayor que Juan Carlos, mi hermano lo seguía por todos lados. Me parecía que Juan Carlos no extrañaba Monterrey para nada.

Lupe me contó que así fue Fernando también cuando ellos llegaron. Le gustó mucho desde el principio. — Fíjate que él no quería regresar a Monterrey el verano pasado. Hasta les habla a mis papás en inglés a veces.

Yo no podía entender la actitud de Fernando y Juan Carlos. Sí había muchas tiendas y cosas bonitas en los Estados Unidos. Había casas y carros muy grandes. La gente tenía más dinero, pero yo solamente quería mi vida de antes. Yo seguía molesta con mis padres.

Papá había ido a trabajar con Tío David ese día en su restaurante. Cuando llegaron, vi a mi papá muy cansado. El día había sido mucho más difícil para él que para mí. Durante la cena, los adultos dominaron la conversación.

— ¿Vieron que hoy pusieron en venta el townhouse de los Smith? — dijo Tía Amanda.

— Ah, ¿de veras? — respondió el tío. — Jorge y Carmen, ¡podría ser una situación ideal!

— Tal vez — respondió mi padre. Se pasaron la cena hablando de comprarnos una casa, muebles y otras cosas necesarias. Yo fui a la recámara de Lupe, donde le escribí una carta a Luis.

PREGUNTAS DE COMPRENSIÓN

1. ¿Cuál fue la primera impresión que tuvo Tinita de los Estados Unidos?

2. ¿Al salir del aeropuerto en Denver, adónde fueron Tinita y su familia? ¿Qué hicieron?

3. ¿Por qué dijo el primo Fernando que Tinita y sus hermanos necesitaban mirar la televisión en inglés?

4. ¿Cuánto tiempo tenían entonces los primos de Tinita en Denver?

5. ¿Por qué parecían los primos como personas diferentes en casa y en público?

6. ¿Cómo saludó Juan Carlos a los jóvenes que Fernando le presentó? ¿Y Tinita?

7. ¿Cómo estaba reaccionando Juan Carlos a todos los cambios?

8. ¿Estaba más contenta Tinita al final del capítulo?

9. ¿Cómo estaba su papá después de su primer día de trabajo?

10. ¿Qué noticia mencionó la tía Amanda durante la cena?

11. ¿Qué hacía Tinita al final del capítulo?

DISCUSIÓN ORAL

1. Trabajen en parejas. Una persona hace un resumen oral breve (2 minutos) este capítulo, contestando la pregunta «¿Qué pasó en este capítulo?». Recuerda incluir sólo la información más importante. La otra persona hace un resumen aun más breve (1 minuto), dando menos detalles. Finalmente, entre los dos, escriban un resumen de una sola frase.

2. Al final del capítulo, los adultos estaban hablando de comprar una casa, muebles y otras cosas necesarias. Imagínense que la familia ha llegado a tu comunidad. ¿Qué consejos les darían Uds.? ¿Qué muebles necesitarían y adónde deberían ir para comprarlos? ¿Qué más van a necesitar y en dónde pueden comprar estas cosas?

3. ¿Qué piensan Uds. de la actitud de Tinita? Al final del Capítulo 9, Tinita recordó el consejo de Mamá Grande («Tinita, a todos nos pasan cosas malas y difíciles. No podemos evitarlas ni cambiarlas. Pero cada persona controla su actitud y sus acciones») y había decidido pensar primero en sus padres antes que en sí misma. Pero en el Capítulo 11, dijo que estaba enojada con sus padres. En el Capítulo 12, dijo que seguía molesta con ellos. En vez de participar en la discusión al final del capítulo, ella fue a escribirle una carta a Luis. ¿En quién(es) estaba pensando más? ¿Creen que tiene una mala actitud o se justifica? ¿Cómo reaccionarían Uds. en esta situación?

DIÁLOGOS

1. Creen dos diálogos. En ambos, Uds. son jóvenes hispanohablantes y alguien les presenta a dos o tres personas.. La única diferencia entre los dos diálogos es que el primero tiene lugar en México y el segundo en los Estados Unidos. Recuerden expresiones como «Leo, te presento a Marta.» y «Leo y Paty, les presento a Marta.»

2. Creen un diálogo entre Jorge y Carmen, los padres de Tinita. Después de dos días en Denver, ellos están a solas (*alone*), donde sus hijos no pueden escuchar. ¿Ha sido fácil o difícil para ellos? ¿Les

parece un error haberse mudado a Denver? ¿Qué piensan al ver a sus hijos allí?

PARA ESCRIBIR

1. Si has vivido en una cultura diferente a la nuestra, lo más probable es que hayas cometido algunos errores durante situaciones sociales, como hizo Tinita en este capítulo. Describe lo que hiciste, cómo te sentiste, qué pasó después y qué aprendiste de la experiencia.

2. Al final del capítulo, Tinita fue a escribirle una carta a Luis. Imagínate que tú eres Tinita y escribe la carta. Algunas frases que te pueden servir son: «Querido Luis:», «Besos y abrazos», «Te quiere, Tinita». Si prefieres, escribe una carta en la cual Luis le responde a Tinita.

PARA INVESTIGAR

1. Como Tinita aprendió, hay varios canales de televisión y estaciones de radio en español en Denver, Colorado. ¿Cuántos hay en tu área? Si no sabes, mira el horario de programas de televisión en el periódico o explora en el radio para ver que encuentras. Si no acostumbras a mirar la televisión en español, pasa un rato mirando y observando. Escucha programas en español mientras estás en el coche.

2. Después de aprender algo de los canales en español, investígalos en el Internet. Por ejemplo, Univisión es la red de televisión en español más grande de los Estados Unidos. Busca también Telemundo y Telefutura. Estas redes tienen presentadores muy conocidos y famosos en la comunidad hispana de los Estados Unidos. ¿Cómo se llaman algunas de estas estrellas?

13
Gateando

Vocabulario

gatear *to crawl*	**caber** *to fit*
el apunte *note*	**el ingreso** *income*
anotar *to jot down*	**el alto** *stop, stop sign*
el subtítulo *subtitle*	**arrancar** *to start up*
el doblaje *dubbing*	**acelerar** *to accelerate*
el ruido *noise*	**la milla** *mile*
debido a *due to*	**la multa** *fine*
el llavero *key chain*	**caray** *gosh, darn*
la llave *key*	**este** *well, um*
la licencia *license*	**pitar** *to honk*
los bienes raíces *real estate*	**la palabrota** *curse word*
la ganga *bargain*	**estresante** *stressful*
la toalla *towel*	

EJERCICIO DE PRELECTURA

A. Usa el vocabulario para completar las siguientes frases.

1. Si pones tu llave en un _____ es más fácil no perderla.

2. El policía me dio una _____ por exceso de velocidad.

3. Como el tráfico no se movía, todos empezaron a _____. ¡Qué ruido!

4. Mi amiga se compró tres pantalones en venta y a muy buen precio. ¡Fueron una _____!

5. Los doctores ganan bastante dinero. Tienen un _____ muy bueno.

6. Cuando salí de la alberca, me di cuenta que se me había olvidado la _____ y no podía secarme.

7. Cuando una mujer casi chocó con mi papá, él le gritó una _____.

8. Hombre, tienes demasiados libros. No te van a _____ todos en esa mochila.

9. Cuando llegas a un _____, debes parar el coche completamente.

10. Los bebés aprenden a _____ antes de caminar.

11. En algunos países no se puede sacar la _____ de manejar antes de los dieciocho años de edad.

12. Aquí tengo un papelito para _____ tu número de teléfono. ¿Cuál es?

13. ¡Ay! Mis vecinos hicieron otra fiesta anoche. Hicieron mucho _____ y no pude dormir.

14. Germán se sorprendió mucho al ver que había recibido una «A» en el examen de física. Sus primeras palabras fueron «¡Ah, _____!»

15. Todos los días en la clase de historia, el profesor habla mucho y nosotros tenemos que escribir muchos _____. Es muy aburrido.

Para leer mejor

En el Capítulo 12, hablamos de lo importante que es entender todo el contexto cuando lees en español y que hacer un resumen te puede ayudar mucho. Esta vez, después de leer el Capítulo 13, haz unos apuntes de los puntos importantes en el capítulo. No te preocupes por escribir oraciones completas, simplemente anota en unas cuantas palabras la información importante. Más adelante, en la sección **Discusión oral**, vas a hablar de tus apuntes con los compañeros.

Para tu información

Las películas de cine, los programas de televisión y la música de los Estados Unidos se exportan a muchas partes del mundo. Hay dos maneras de traducir una película o un programa a otro idioma: los subtítulos y el doblaje. La ventaja de una película doblada es que el espectador no tiene que estar leyendo constantemente y puede concentrarse en la película. Además, si es una película para niños, obviamente tiene que ser doblada. La desventaja del doblaje es que los actores ya no tienen su voz natural. Muchas personas que hablan un poco de inglés prefieren oír una película en su forma auténtica para practicar su inglés.

En una ciudad grande en México, como Monterrey, si uno quiere ir al cine para ver una película americana popular, generalmente hay la opción de verla o con subtítulos o doblada.

Gateando

Al día siguiente, Mamá y Tía Amanda fueron a ver el *townhouse* que estaba en venta. Cuando llegaron Papá y Tío David del restaurante, los cuatro hablaron mucho.

— Es casi igual a nuestra casa, solamente que tiene una recámara menos — dijo Tía Amanda. — Tiene tres recámaras y dos baños.

— Nos gustaría mucho tenerlos aquí al lado — comentó Tío David.

— Pues, sí, sería muy práctico — respondió Papá.

— ¡Me encanta! — fue el primer comentario de mi mamá.

Lupe y yo escuchábamos la plática. — ¡Imagínate, Tinita! Va a ser bien padre! — dijo Lupe.

En la tarde, Tía Amanda le dijo a Fernando que nos llevara a cenar y al cine. Cuando estábamos cenando, Lupe comentó, «Qué raro que Mamá nos mandara al cine y, más aun, a cenar. Normalmente, no es tan generosa con el dinero. Será porque acaban de llegar Uds.

— Tal vez — dijo Fernando con una sonrisa. Juan Carlos y él se miraron y sonrieron otra vez. A veces mi primo era tan molestoso como mi hermano.

En Monterrey, veíamos muchas películas americanas. Cuando tenían subtítulos en español, yo podía seguir bien el inglés; pero aquí me era un poco difícil entender la película sin subtítulos, aunque sí lo pude hacer más o menos. ¡Qué bueno que había tenido clases de inglés desde el kínder!

Regresamos a la casa como a las nueve de la noche. Al entrar, Fernando y Juan Carlos hacían mucho ruido. De veras, ¡qué tontos eran los dos! Cuando por fin abrieron la puerta, todo el mundo sabía que estábamos allí. En eso, oímos muchos gritos:

— ¡Feliz cumpleaños, Tinita! ¡Feliz cumpleaños, Lupe! ¡Felicidades, *Little Baththub*!

— Por eso las tuvimos que sacar, *Bathtub*. Tía Amanda y Mamá les querían hacer una fiesta de sorpresa — dijo Juan Carlos.

Era el 13 de julio. Lupe había cumplido dieciséis años el día 5 y yo los cumpliría el 21. La verdad, con tantos cambios, yo no había pensado mucho en nuestros cumpleaños. Y allí estaban nuestros padres y los hermanos menores con un pastel con dieciséis velitas.

— No es una fiesta como hace un año, pero sí es una fiesta — dijo Mamá.

¡Qué bonito era celebrar mi cumpleaños otra vez con Lupe y saber que nos veríamos todos los días! Fue una fiesta pequeña y sencilla, pero todos nos divertimos. Por un rato, olvidé que estaba enojada con mis padres.

Debido a los gastos que habíamos tenido y los por venir, recibimos regalos pequeños. Para Lupe, el mejor regalo era el de sus padres. Era un llavero con las llaves del coche familiar. — Mañana te voy a llevar a sacar tu licencia, mi hija — le dijo Tío David.

En Colorado, uno puede sacar la licencia de manejar a los dieciséis años, igual que en Monterrey, pero sólo después de llevar clases y, como en Monterrey, después de tener una licencia provisional que requiere manejar con los padres por un periodo. Entonces, el próximo día, se fueron Lupe y el tío temprano. Lupe regresó feliz, enseñando su licencia a todo el mundo. Y yo estaba feliz por ella, pero también estaba pensando en que yo no había tenido clases de manejo como Lupe y mi familia ni siquiera tenía un carro. Yo no iba a poder manejar por mucho tiempo.

También ese día, Tía Amanda habló con el agente de bienes raíces. Todo fue más rápido y fácil de lo que esperábamos. En una semana mis padres firmaron el contrato, y en tres semanas más pudimos mudarnos a nuestra propia casa. Mientras tanto, Mamá y Tía Amanda estuvieron muy ocupadas buscando muebles y muchas otras cosas. Amanda era muy buena para encontrar gangas. Nos llevaba a todo tipo de tiendas y al «outlet mall». También llegamos a unas «ventas de garage». Todos los días comprábamos cosas. Un día era una cama, al otro día platos y luego toallas. Ya no cabían las cosas en el *townhouse* de mis tíos. Papá de nuevo se quejaba del dinero.

— Carmen, tú sabes que no podemos seguir gastando — decía Papá. — Todavía tenemos que comprar un carro, y ahora no tenemos dinero suficiente. — Yo veía que para mamá era muy difícil, pero no se quejó nunca. Mis tíos también sabían por lo que estábamos pasando.

Un día, Tío David comentó: — Ayer me dijo Sarita que se va. — Ella era una de las meseras en su restaurante.

—¡Qué lástima!— respondió Papá. —Ella es tan buena mesera. ¿Qué piensas hacer?

— Pues, estuvimos hablando Amanda y yo. Tenemos una idea. Sabemos que Uds. ahora están donde nosotros estuvimos cuando recién llegamos. Cuando uno está empezando, necesita muchas cosas y nunca hay suficiente dinero.»

— ¡Eso sí que es cierto! — dijo Papá.

— Bueno, ¿qué piensan de esta idea? Carmen podría trabajar en el restaurante.

— Pero no puedo. Digo, mis hijos — empezó Mamá muy sorprendida.

Amanda le contestó: —Carmen, ya no son niños, además pueden venir aquí a nuestra casa después de clases si quieres. — Y así fue que mi mamá empezó su primer trabajo en los Estados Unidos. Tener un segundo ingreso en la casa nos ayudó mucho.

Cuando llevábamos como una semana en Denver, Papá le pidió a Tío David que le diera unas clases de manejar. Lupe y yo estábamos aburridas y preguntamos si podíamos ir también. En México, la gente maneja más rápidamente que en los Estados Unidos. Frecuentemente, si hay un alto, pero no hay otro coche, uno no par completamente. En general, los conductores mexicanos son más agresivos que los americanos. Papá arrancó el carro y aceleró hasta cincuenta.

— ¡Hombre, ve más despacio! — le dijo el tío.

— Pero, sólo voy a cincuenta — respondió Papá.

— Sí, pero son millas, no son kilómetros. Además, el límite es de treinta y cinco.

— ¿Me estás diciendo que no puedo manejar a más de treinta y cinco millas por hora?

— Sí, aquí te va a dar una multa la policía si no sigues los límites.

— Oye, ¿y cuánto son cincuenta millas entonces?

— Pues, son como ochenta y cinco kilómetros por hora.

— ¡Ay, caray! Tan bueno tu carro. No parecía ir tan rápidamente.

Para entonces, estábamos en un semáforo. Había cambiado a verde, pero la señora tres carros más adelante hablaba en su teléfono celular y no ponía atención. Papá sonó el claxon como cinco veces. Yo veía a la otra gente mirándonos.

— Este... Jorge, aquí los americanos no pitan tanto como en México — dijo Tío David.

— ¿Pues, qué hacen con una maldita vieja como esa?

— Hombre, están las hijas aquí.

— Ay, perdón, no hablen así, niñas.

Y así siguió la primera clase de manejar de Papá. En un momento de mucha frustración, Papá dijo algunas palabrotas, algo que yo nunca le había oído decir antes o después. Pero, siguieron Papá y mi tío con las clases y, por fin, Papá sacó su licencia de manejar del estado de

Colorado. Un mes después de que comenzó a trabajar Mamá, mis padres compraron un coche usado. Eramos como el bebé que empieza a gatear. El próximo paso era caminar.

PREGUNTAS DE COMPRENSIÓN

Antes de contestar las siguientes preguntas, anota lo más importante de lo que leíste en este capítulo para poder dar un resumen oral después. Recuerda que no necesitas escribir oraciones completas.

1. ¿Le gustó a la mamá de Tinita el townhouse que fueron a ver?
2. ¿Adónde fueron esa noche Tinita y sus primos?
3. ¿Qué pasó cuando llegaron a la casa de los primos?
4. ¿Por qué no gastaron más en el cumpleaños de Tinita?
5. ¿Cuál fue el mejor regalo que recibió Lupe?
6. ¿Adónde fueron Lupe y sus primos la noche siguiente y quién manejaba?
7. ¿En cuánto tiempo pudo mudarse la familia de Tinita a su propia casa?
8. ¿Qué hacían su mamá y su tía antes?
9. ¿Qué le preocupaba al papá?
10. ¿Qué solución sugirieron David y Amanda?
11. ¿Cómo le fue al papá de Tinita la primera vez que salió a manejar en Denver?
12. ¿A qué comparó su familia Tinita?

DISCUSIÓN ORAL

1. Comparen sus listas de puntos importantes de este capítulo y hagan un resumen oral del capítulo. Al hablar, traten de usar palabras de transición como «primero, para empezar, entonces, luego, después, más tarde, finalmente y al final».
2. Para el padre de Tinita, su primera experiencia manejando en los Estados Unidos fue estresante. Comparenla con su primera experiencia. ¿Fue estresante? ¿Sus padres les ayudaron o no? ¿Tomaron clases? ¿Ya tienen su propio carro o tienen que usar el de sus padres?

3. Cuando Tinita y sus primos salieron a divertirse, fueron a cenar, al cine y al «mall». ¿Qué hacen Uds. cuando quieren divertirse con amigos? ¿Adónde van?

DIÁLOGOS

1. Creen un diálogo que tenga lugar en un carro en el cual un padre / una madre enseñará a manejar a su hijo / hija.

2. Es el primer día en el trabajo para Carmen, la mamá de Tinita. Creen un diálogo entre ella y unos clientes.

PARA ESCRIBIR

1. Escribe un resumen de lo que ha pasado hasta ahora en la historia. Antes de escribir, haz una lista de los puntos importantes, como hiciste antes en este capítulo. En el resumen, usa por lo menos tres de las palabras de transición que practicaron en la **Discusión oral**. Otra vez, aquí está la lista: «primero, para empezar, entonces, luego, después, más tarde, finalmente, al final».

2. Cuando le sugirieron a la madre de Tinita que trabajara, ella respondió que no podía por sus hijos. ¿Qué opinas tú? Las mamás deben trabajar fuera de la casa o no? Explica tu opinión.

PARA INVESTIGAR

1. Renta una película americana que tenga la opción de poner subtítulos y audio en español. Con amigos, familiares o solo, mira la película así.

2. Explora en el Internet algunas de las películas que se están pasando actualmente en Monterrey y en otras ciudades de México u otros países hispanohablantes. Puedes buscar temas como «cines mexicanos». También puedes buscar cadenas de cines en México como MMCinemas o Cinépolis.

14
Caminando

Vocabulario

predecir *to predict*
particular *private*
inscribirse *to enroll*
secundaria *middle school,
junior high school*
trabajador *worker, hard working*
el promedio *average, GPA*
temer *to fear*
el chisme *gossip, bit of gossip*
coqueta *flirty*

cortar con *to break up with*
el noviazgo *romantic
relationship*
odiar *to hate*
¿qué onda? *what's up?, what's
happening?*
el pedazo *piece*
pescar *to catch*
averiguar *to find out*
natal *relating to birth*

EJERCICIO DE PRELECTURA

A. *Usa el vocabulario para completar las siguientes frases.*

Cuando la familia de Julieta se mudó, ella tuvo que

_____ en una escuela nueva. Su mamá la acompañó
 1.

para _____ qué necesitaban hacer. La mamá le dijo a la
 2.

secretaria, «Mi hija es _____, estudia mucho y saca
 3.

buenas notas. De hecho, tiene un _____ muy alto.»
 4.

Julieta no quería cambiarse de escuela y estaba aburrida con la

conversación de su mamá. Ella estaba enojada y _____
 5.

la idea de empezar todo de nuevo. Ella _____ que le iba
6.

a ser difícil hacer nuevos amigos. De repente, oyó que alguien la

saludaba diciendo: — ¿ _____ ? — Era Eduardo, uno de
7.

los chicos más guapos de la escuela.¡Tal vez no iba a ser tan mala esta

escuela! Julieta le contestó, «Nada,» de una manera un poco

_____.
8.

Para leer mejor

Otra estrategia que te ayuda a leer y entender mejor en cualquier
idioma es intentar predecir qué pasará en la lectura. Sobre todo,
cuando lees algo largo como una novela, al empezar un capítulo,
piensa un poco antes de leer. Por ejemplo, mira el título de este
capítulo. Se llama *Caminando*. Capítulo 13, el anterior, se llama
Gateando. ¿Qué crees que va a pasar ahora en este capítulo de *Tinita*?
Toma un minuto o dos para anotar tus ideas antes de empezar a leer.

Para tu información

En este capítulo, Tinita expresa su alegría porque en su nueva escuela
los estudiantes no tienen que llevar uniformes. En México, como en
otros países hispanohablantes, los uniformes son tan comunes en las
escuelas particulares (privadas) como en las públicas. Un uniforme
típico incluye camisa blanca y pantalones azules, para los muchachos,
y blusa blanca con falda azul, para las muchachas. A veces, los
muchachos llevan corbata y las mujeres calcetines altos. El uniforme
puede servir para identificar al estudiante con su escuela y ayuda a
borrar las diferencias económicas entre estudiantes.

Caminando

Antes de mudarnos a nuestra propia casa, hubo otro acontecimiento
importante: el comienzo del año escolar. Recién llegados, Tía Amanda,
Lupe y Fernando nos dijeron que teníamos que ir a la prepa para
inscribirnos. Entonces, una mañana a principios de agosto, ellos nos

acompañaron a Mamá, a Juan Carlos y a mí. Era un edificio bonito, más nuevo que el de mi colegio en Monterrey; pero en ese momento extrañaba todavía mi viejo colegio. Entre Mamá, Tía Amanda y una secretaria muy amable, nos inscribieron muy pronto. Nos dijeron que Juan Carlos y yo teníamos que venir otro día a tomar un examen de inglés. Después, Lupe y Fernando nos llevaron a conocer un poco el edificio.

La «*high school*» y la prepa mexicana tenían sus diferencias. Mi prepa en Monterrey era de tres años; en Denver, era de cuatro. Claro que en Monterrey la secundaria es de tres años y en Denver, de dos. De todos modos, de la primaria a la prepa uno estudia doce años en los dos sistemas. Otra diferencia era que en mi nueva escuela tendría que cambiarme de salón para cada clase. En México, el mismo grupo de estudiantes pasa todo el día en un sólo salón y los maestros son los que cambian. Además, era mi primera experiencia en una escuela pública. Como mucha gente en México, yo había estudiado en colegios privados; católicos, en específico. Ahora no había clases de religión ni uniformes. ¡Eso era lo mejor, no tener que llevar uniforme!

Fuimos a la escuela otra vez el día antes de empezar las clases. Ya habíamos tomado el examen de inglés, y allí nos dieron nuestros resultados y nuestros horarios. Lupe me había explicado unos términos que yo no conocía. Su hermano Fernando iba a ser un «*senior*», estudiante de cuarto año. Nosotras estábamos en tercero, «*juniors*». Juan Carlos entraba al primero, «*freshman*».

Luego, fuimos a comprar lo que necesitábamos: cuadernos: lápices, plumas, papel, mochilas y mucho más. Me parecía raro no tener que comprar los libros. En México, el gobierno le provee a cada niño los libros, pero muchos colegios privados usan otros textos, que los estudiantes tienen que comprar. Yo estaba aprendiendo mucho, aun antes de empezar las clases. Esa noche, le escribí una larga carta a Luis y otra más corta a Gabi, contándoles de todo lo que me estaba pasando en Denver.

Yo tenía las siguientes materias o asignaturas: inglés, algebra II, historia de los Estados Unidos, ciencia y educación física. A las clases de inglés, historia y ciencia las llamaban «*sheltered*». Yo estaría con otros inmigrantes que hablaban otros idiomas. Por la noche, cuando Papá oyó eso, preguntó: — ¿Y por qué no están mis hijos con americanos?

— Al contrario, Tío, esas clases son muy buenas — le dijo Fernando.
— Hay estudiantes que llegan sabiendo muy poco de inglés. Ellos toman clases de «*ESL*» (inglés como segundo idioma). Ya que aprenden más, pasan a las «*sheltered classes*» donde los maestros

hablan en inglés, pero saben que todavía es un poco difícil para los estudiantes. Después, pasan a clases regulares.

— ¿Y cuánto tiempo tienen que estar en esas clases? — preguntó Papá.

Entonces fue Lupe la que contestó: — Depende. Fernando, como es muy bueno para el inglés, estuvo solamente un semestre; yo, en cambio, pasé un año en ellas. Otros estudiantes pueden pasar todavía más.

Yo había salido mejor en el examen de inglés que Juan Carlos; y durante el semestre, progresé más rápidamente que él. Además, siempre me había gustado la escuela y había sido trabajadora. Estudié mucho y para el segundo semestre, pasé a clases regulares. Acabé el año escolar con un promedio, o como aprendí a decir, «*GPA*», de 3.7. La verdad, me parecían más fáciles las clases en Estados Unidos que en México. Claro, en México, muchos de los que no piensan ir a la universidad, ya no están en la prepa. En los Estados Unidos, todos están juntos todavía. En cuanto a la escuela, me sentía como el bebé que deja de gatear y empieza a caminar.

Mientras las clases me iban bien, otras cosas no iban tan bien. Durante agosto y septiembre, Luis y yo nos escribíamos casi todos los días. Por octubre, las cartas de Luis llegaban con menos frecuencia y eran más cortas. Mi amiga Gabi tenía una computadora en su casa, igual que la familia de Lupe. Gabi y yo habíamos empezado a escribirnos mucho por correo electrónico. Por fin, me animé a preguntar sobre Luis.

Su respuesta era la que temía. Parecía que Luis estaba pasando mucho tiempo con otra chica. Era un tema de plática y chisme entre las compañeras en el colegio. Gabi contó que al principio, Luis parecía extrañarme mucho. Jugaba mucho fútbol, estudiaba, salía con sus amigos, pero no les ponía atención a las chicas. Aun estando ausente, yo era la envidia de las compañeras. Luis todavía era un novio dedicado. O lo era hasta que Silvia Castro decidió que lo quería para ella. Ella había estado en nuestro salón el año pasado. Era una chica muy guapa y muy coqueta. Muchos de los chavos andaban detrás de ella. Yo nunca entendí por qué, pues era una muchacha superficial y, para decir la verdad, medio tonta.

Ya que abrí las puertas al tema, Gabi empezó a contarme más y más del nuevo romance. ¡Yo no quería saber nada! Muy enojada, le escribí una larga carta a Luis. Después, la rompí y escribí una corta y fría, diciéndole adiós. Luego, también la rompí. No sabía qué escribir ni cómo. Entonces, salí al cine con Lupe y nuestros hermanos. En el cine nos encontramos con unos amigos de Fernando, y después de la película todos fuimos a comer pizza.

Al día siguiente, un sábado, me llegó una larga carta de Luis. Me contó de Silvia y su relación con ella. Decía que nuestra relación había sido muy bonita, pero no podía sobrevivir por la distancia entre nosotros. En pocas palabras, estaba cortando conmigo. Era el fin de mi primer noviazgo. Yo estaba leyendo la carta y llorando en mi recámara, cuando entró Mamá.

— Mi hijita, yo entiendo que te duele, pero era inevitable. Tiene razón Luis, están lejos y están separados. Son jóvenes, es natural empezar a buscar a alguien más.

¿Cómo podía hablar así mi madre? ¿Nunca había sido joven ella? Yo odiaba Denver. Quería estar en Monterrey. Pero también odiaba a Luis en ese momento. Y a Silvia Castro. Pues, como estaban las cosas, no quería estar en Monterrey tampoco, pero...pues no sabía qué quería, más que llorar. Ahora «el bebé» no estaba ni gateando, mucho menos caminando. En eso, oí sonar el teléfono.

— Hello... ¡Ah, hola! ¿Qué onda? Una fiesta por la noche... no sé. — Era Juan Carlos con algún amigo. Mi mundo estaba en pedazos y los hombres seguían hablando del fútbol y de fiestas. — Un momento, déjame llamarla.

— Oye, *Bathtub*, es Mario, el amigo de Fernando que conocimos anoche. Quiere saber si quieres ir a una fiesta con él esta noche.

PREGUNTAS DE COMPRENSIÓN

Antes de contestar las siguientes preguntas, ¿seguiste la sugerencia en **Para leer mejor**? ¿Escribiste tus predicciones de lo que iba a suceder en este capítulo? Mira tu lista ahora. ¿Cómo te fue? Toma unos minutos más para hacer un resumen en forma de apuntes de los puntos importantes del capítulo. ¿Tu lista de predicciones y el resumen se parecen mucho?

1. ¿Al empezar el capítulo, adónde fueron Tinita y sus parientes y para qué?

2. ¿Cuáles eran algunas diferencias entre las escuelas de Tinita en México y en los Estados Unidos?

3. ¿Qué cosa NO tuvo que comprar Tinita para la escuela?

4. Explica en español qué significa «*sheltered classes*».

5. ¿Qué no iba bien para Tinita?

6. ¿Qué había pasado con Luis?

7. ¿Quién le daba noticias de Monterrey a Tinita?

8. ¿Cómo era Silvia Castro?

9. ¿Qué hizo Tinita con las dos cartas que le escribió a Luis?

10. ¿Cómo cortó Luis su relación con Tinita?

11. ¿Quién habló por teléfono al final del capítulo y para qué hablaba?

DISCUSIÓN ORAL

1. Se dice que el amor de lejos es difícil. ¿Es cierto o no? ¿Qué opinan Uds. del comportamiento de Luis y su manera de cortar con Tinita? ¿Podría haberlo hecho (*could he have done it*) mejor?

2. En la sección **Para tu información** se habla de los uniformes. ¿Usan Uds. uniformes en su escuela? ¿Prefieren usarlos o no? ¿Cuáles son las ventajas y desventajas de llevarlos? Si no los tienen en su escuela, ¿cómo serían, si tuvieran que usarlos? Si los usan actualmente, ¿cómo sería el uniforme ideal de Uds.?

3. En este capítulo mencionan los «*sheltered classes*». ¿Existen en su escuela? ¿Qué piensan del concepto? ¿Se parecen a las clases de español para americanos que van a estudiar en países hispanohablantes durante el verano?

DIÁLOGOS

1. Al terminar el capítulo, Mario, el amigo de Fernando, habla por teléfono para invitar a Tinita a una fiesta. Creen el diálogo entre Mario y Tinita.

2. Creen un diálogo entre Luis y Silvia Castro en el cual ella está tratando de pescarlo.

3. Creen un diálogo entre Tinita y otra persona. Tinita acaba de recibir la carta de Luis, en la cual termina su relación con ella. La otra persona trata de consolarla.

PARA ESCRIBIR

1. Escribe de una experiencia que tú has tenido o una actividad o habilidad tuya donde empezaste «gateando» para poder «caminar» después. ¿Cómo vas hoy día?

2. Tú tienes una columna en el periódico en la cual la gente te escribe cartas de sus problemas y tú contestas dando consejos, como «*Dear Abby*». Inventa una carta de Tinita explicando sus problemas románticos y una segunda carta de ti con consejos para Tinita.

PARA INVESTIGAR

1. ¿Hay clases de inglés como segundo idioma en tu escuela? ¿Hay «*sheltered classes*»? Averigua un poco más que lo que ya sabes de estas clases. Si existen en tu escuela, ¿sabes quiénes son los maestros? Si hay clases que son «*sheltered*», habla con uno de esos profesores para ver qué piensa de las clases y cómo son diferentes de las clases regulares. Habla también con algunos de los estudiantes de inglés como segundo idioma, para ver qué clases tienen, cómo se sienten el la escuela, cómo es diferente su vida actual a la que tenían en su país natal. Si son hispanohablantes y tú quieres practicar tu español, tal vez quieras pedirles que te ayuden.

2. Investiga el Internet para ver algunos uniformes escolares típicos en México y otros países. Puedes buscar «uniformes escolares» en el Internet y también en «Imágenes».

15
Corriendo

Vocabulario

exigir *to demand*

integrarse *to become a part of, fit in*

a gusto *comfortable*

ampliar *to enlarge*

mejorar *to improve*

cansarse *to get tired*

poco a poco *little by little*

hubiera sido *would have been*

los demás *others*

valorar *to value*

apoyar *to support*

cien por ciento *one-hundred percent*

la carrera *major (in college), career*

orgulloso *proud*

el éxito *success*

sea lo que sea *whatever it may be*

sin fin *endless*

EJERCICIO DE PRELECTURA

A. *Usa las palabras del vocabulario para completar las siguientes frases.*

1. Javier es brillante. Siempre saca el _____ en todos los exámenes de matemáticas.

2. No soy un buen atleta. Nunca tuve mucho _____ en ningún deporte.

3. Mi abuelita es muy cariñosa y amable. Todos se sienten muy _____ con ella.

4. Después de la primera práctica en el calor de agosto, los jugadores de fútbol americano _____ mucho.

5. El día que me gradúe de la prepa, mi familia va a estar _____ de mí.

6. Ese maestro _____ mucho de sus estudiantes; por eso todos aprenden mucho en su clase.

7. Erica fue a México por dos meses y su español _____ mucho. Habla muy bien ahora.

8. Laura sigue practicando el piano todos los días y _____ con el tiempo ha aprendido a tocar bien.

9. ¿A quiénes _____ más, a tus amigos o a tu familia?

10. Mis padres quieren _____ la casa. Van a hacer dos recámaras más.

11. Rebeca es muy extrovertida y no tardó nada en _____ en la nueva escuela.

12. Esas chicas son muy inseguras y les importa demasiado lo que _____ piensan de ellas.

Para leer mejor

Fíjate en el título de los Capítulos 13, 14 y 15. Como un bebé que aprende a hacerse más independiente, Tinita y todos en su familia están aprendiendo a vivir en un país nuevo. Han tenido que aprender muchas cosas, empezando a veces con lo más básico. Primero, el bebé gatea, luego camina para después poder correr. Y tú, para leer, hablar, escribir y entender, tuviste que empezar «gateando»; ahora ya «caminas». ¿«Correrás» en el futuro? La decisión es tuya. Poder hablarlo bien es una habilidad que te puede servir el resto de tu vida. De hecho, como dice Tinita, ser bilingüe y bicultural es como ser dos personas. ¡Arriba y adelante con el español!

Para tu información

Como ya sabes, *Tinita* es la historia de una inmigrante y sus experiencias en su nuevo país, los Estados Unidos. Aunque *Tinita* es un personaje ficticio, hay millones de inmigrantes con historias y experiencias parecidas a las de ella. Si tú has sido inmigrante, a lo mejor has tenido experiencias así. Si nunca has inmigrado, ojalá que leer *Tinita* te haya dejado pensando en ideas que no habías tenido antes.

Corriendo

Pues, después de mil preguntas de Papá, sí pude ir a la fiesta con Mario. Claro que Papá también interrogó a Fernando sobre su amigo y exigió que Fernando fuera con nosotros a la fiesta. Desde entonces, ya han pasado ocho meses. Ahora es junio y Mario y yo acabamos de cumplir cinco meses de novios. En un mes más mi familia tendrá un año de vivir en Denver. Me siento más a gusto aquí ahora y creo que me he podido integrar bastante en la prepa.

Todavía hay momentos, y hasta días enteros, cuando extraño mucho mi vida en Monterrey, pero yo sé que es imposible regresar. Bueno, por lo menos, sé que si regresara, la vida sería diferente. Además, hay muchas cosas que me gustan de mi vida en los Estados Unidos. El restaurante va bien, mejor que El Taco Norteño en Monterrey. Tío David y Papá tienen planes de remodelarlo y ampliarlo muy pronto. Papá todavía se queja del dinero, pero no como antes. A Mamá le ha gustado trabajar fuera de la casa. A los hijos no nos gusta tanto porque tenemos que ayudar con todo, pero sabemos que Mamá está contenta. En tres meses, mis padres ya habrán pagado el coche que compraron el año pasado. Entonces, van a comprar un segundo coche, pues, la verdad, nos hace mucha falta.

En un mes, yo voy a cumplir diecisiete años, y poco después Juan Carlos tendrá dieciséis. Yo tomé clases de manejar el invierno pasado, y saqué mi licencia en marzo. Juan Carlos está por terminar las clases. Pronto vamos a ser cuatro personas con licencia en la familia. ¡Cómo tengo ganas de tener el segundo carro!

En cuanto al inglés, nos va bien. Papá era el que mejor lo hablaba llegando, pero es el que menos ha aprendido. No le importan los errores, sólo que la gente le entienda. Mamá toma una clase de inglés dos noches por semana, y siempre está tratando de mejorar. Juan Carlos sigue feliz en los Estados Unidos. Siempre está con los primos, Fernando y Pedro, y trata de ser como Fernando, que es tan bilingüe y bicultural. Mi hermanito Beto pasa mucho tiempo con el primo más pequeño, Ramón. A veces los oigo a los dos hablando juntos en inglés. El inglés mío también ha mejorado mucho. No creo que yo vaya a ser como Fernando nunca, pero me gusta y sigo aprendiendo. Leo mucho, veo la tele, voy al cine y escucho la radio. Al principio, me cansaba mucho, pero poco a poco, me ha sido más fácil.

Lupe y yo seguimos más como hermanas y mejores amigas que primas. Por supuesto, vamos a estar juntas en nuestra fiesta de cumpleaños el próximo mes. Sin ella y su familia, el primer año de mi familia aquí en Denver hubiera sido muy diferente. Ellos nos explicaron las cosas, nos ayudaron, nos animaron, en fin, nos sacaron adelante.

En la prepa, Lupe y yo participamos en un club para estudiantes inmigrantes. Muchos vienen de México y Centroamérica, pero también hay asiáticos, europeos y africanos. Casi todos llegan nerviosos y sin amigos o conocidos al principio. Por eso, tratamos de comer juntos en la cafetería o sacarlos a los nuevos con nosotros si vamos a un restaurante para comer el almuerzo. También, les ayudamos a encontrar sus clases, contestamos sus preguntas, y más que nada, los escuchamos.

A veces, algunos estudiantes son antipáticos con los nuevos. En verdad, yo no tengo mucha paciencia con esa gente. Ellos ven a los inmigrantes y notan sólo las diferencias. No hablan con ellos, y no se interesan en llegar a conocerlos. Los estudiantes inmigrantes sí son diferentes en algunas cosas, pero en realidad, todos somos humanos. Todos queremos que los demás nos acepten, nos escuchen, nos comprendan y nos valoren. Si toda la gente del mundo de veras escuchara y tratara de comprender a los demás, el mundo sería un lugar muy diferente.

Este verano, Lupe y yo hemos empezado a trabajar en el restaurante. Es mi primer trabajo, y me gusta mucho tener mi propio dinero. Creo que mis padres me van a dejar seguir trabajando cuando empiecen las clases en agosto. Voy a entrar a mi último año, o sea, voy a ser «*senior*». Estoy emocionada, pues en otro año más estaré en la universidad. Fernando se graduó el mes pasado, el primero de los primos que termina la prepa. Él va a ir a la Universidad de Colorado en Boulder para estudiar ingeniería. No tenerlo aquí todo el tiempo va a ser un cambio para su familia y para la nuestra también.

El año que viene, voy a tener que pensar mucho en mi futuro y en qué carrera quiero estudiar. No sé si quiera ir a Boulder como mi primo, pero sí sé que quiero ir a la universidad. Papá dice que sus hijos van a tener la oportunidad que él nunca tuvo, la de graduarse de la universidad. Además, Mamá nos apoya el cien por ciento. ¡Qué suerte tengo yo de tener padres así, ¿no?!

También empiezo a darme cuenta de lo afortunada que soy de vivir en este país. Yo todavía quiero mucho a México y a Monterrey, y estoy orgullosa de ser ciudadana mexicana; pero en verdad, vivimos mejor económicamente aquí que en Monterrey. Todos trabajamos mucho para el éxito que hemos tenido, y nos ha ido bien. No estoy segura todavía de qué estudiar en la universidad, pero quiero prepararme para trabajar con inmigrantes. Sea lo que sea mi futuro, tengo un gran deseo de trabajar ayudando a los recién llegados, como mis tíos y mis primos nos ayudaron a nosotros.

Más que nada, me siento orgullosa de lo que he podido hacer en el último año. He podido empezar una nueva vida y vivirla con éxito. Esa «bebé» que llegó hace un año ha aprendido a gatear, a caminar y, ahora, hasta empieza a correr algunos días. En el futuro, correrá cada vez más rápidamente.

PREGUNTAS DE COMPRENSIÓN

1. ¿Qué mes es al comienzo de este capítulo?
2. ¿Les gustaba o no a Tinita y a sus hermanos que su mamá trabajara? ¿Por qué?
3. ¿Hace cuántos meses que Tinita tenía su licencia de manejar?
4. ¿Qué cosas hacía Tinita para mejorar su inglés?
5. ¿Qué cosas hacían los miembros del club para ayudar a los inmigrantes recién llegados?
6. ¿Qué desean todas las personas del mundo, según Tinita?
7. ¿En dónde estaba trabajando Tinita?
8. ¿Qué iba a hacer Fernando ya que se había graduado?
9. ¿Qué tipo de trabajo le gustaría tener a Tinita?
10. ¿De qué estaba orgullosa ella?

DISCUSIÓN ORAL

1. ¿Creen que los estudiantes nuevos pueden integrarse fácilmente en su prepa? ¿Hay clubes o programas en su escuela para ayudar a los recién llegados a integrarse en la escuela? ¿ Participa alguno de Uds. en este tipo de programa? ¿Qué han hecho o hacen Uds. individualmente para ayudar a los estudiantes nuevos?
2. El primer trabajo de Tinita fue en el restaurante de su familia. ¿Cuántos de Uds. tienen o han tenido un trabajo con sueldo? Hablen de sus experiencias con trabajos con sueldo y/o voluntario.

DIÁLOGOS

1. En tu colegio, hay un estudiante nuevo que viene de México. Creen una conversación entre uno o dos de Uds. y el estudiante, en la cual tratan de hacerlo(a) sentirse más a gusto.
2. Fernando ya va a salir de la casa para ir a la universidad. Creen un diálogo entre un padre / una madre y su hijo / hija unos días antes de su salida para la universidad.

PARA ESCRIBIR

1. En este capítulo, Tinita habló de sus planes para el futuro. Escribe un ensayo de los planes que tú tienes en la vida.

2. Tinita comentó que Lupe es más como una hermana o mejor amiga que una prima. ¿Tienes una «Lupe» en tu vida? Si tienes un amigo, hermano o pariente muy especial, describe a esta persona y la relación que tienen Uds.

3. Tinita dijo que se sentía orgullosa de lo que había podido hacer en el primer año después de inmigrarse. ¿De qué estás orgulloso tú en tu vida?

PARA INVESTIGAR

1. Investiga los programas de tu escuela para promover la integración de los nuevos estudiantes a integrarse en la escuela. Si tienes algún interés en tomar parte, ¡anímate a participar!

2. Investiga las oportunidades que existen en tu comunidad para trabajar con inmigrantes. Puede ser una manera fantástica de practicar y mejorar tu español. Además, te puede ayudar a prepararte para tu futura carrera. ¿Hay una clínica comunitaria para hispanohablantes o un hospital para niños donde lleguen hispanohablantes? ¿Hay un programa que les permita a los ciudadanos acompañar a los policías en sus coches? Podrías ser entrenador de un equipo deportivo para niños hispanohablantes o trabajar de voluntario en una escuela primaria o con niños de habla hispano que estén aprendiendo inglés, o con niños anglohablantes que estén aprendiendo español. Muchas iglesias, católicas y protestantes, ofrecen servicios y clases a la comunidad hispana. ¡En fin, hay un sin número de maneras para practicar tu español, aun sin salir de los Estados Unidos!

Glosario

a gusto comfortable
a la vuelta around the corner
a lo mejor probably (=**probablemente**)
¿a poco? really?
abrazo *m.* hug
acelerar to accelerate
acercarse to approach, get near to
aclarar to clarify
acontecimiento *m.* event
acostumbrarse to get used to
actitud *f.* attitude
actualmente currently
acuático pertaining to water
adelantarse to get ahead of one's self
aduana *f.* customs
aduanal *m.* customs agent
afortunadamente fortunately
afuera outside
agarrar to grab, get
ahijado *m.* godson
ahorrar to save
aire libre *m.* open air, outdoors
al contrario on the contrary
al mismo tiempo at the same time
alberca *f.* swimming pool (= **piscina**)
alegría *f.* happiness
alto *m.* stop, stop sign
amigable friendly
ampliar to enlarge
anglohablante English speaker
anillo *m.* ring
animar to encourage someone
animarse to get up one's nerve
anoche last night
anotar to jot down
anteayer day before yesterday
anterior previous
anunciar to announce
apoyar to support
apunte *m.* note
árbol *m.* tree
arco iris *m.* rainbow
arrancar to start up
arreglar to arrange, fix
arreglo *m.* arrangement

¡arriba y adelante! onward and upward!
asegurar to assure
asiático *m.* Asian
asignatura *f.* school subject (= **materia**)
ataque *m.* attack
atender a to wait on, take care of
atrás back, behind
ausencia *f.* absence
avanzado advanced
averiguar to find out

bajarse to go down
banquero *m.* banker
bastante very
bautizo *m.* baptism
belleza *f.* beauty
bello beautiful
bendecir to bless
beso *m.* kiss
bienes materiales *m.* possessions
bienes raíces *m.* real estate
bienvenida *f.* welcome
billete *m.* bill
bola *f.* ball
bolsita *f.* little bag
borrar to erase
botana *f.* appetizer
bote *m.* can
botón *m.* button
brincar to jump
brinco *m.* jump
broma *f.* joke (= **chiste**)
¡buen provecho! enjoy!
buscador *m.* search engine
búsqueda *f.* search

caber to fit
cacahuate *m.* peanut
cadena *f.* chain
caerle bien to like
callado quiet
callarse to get quiet
cambio *f.* change
campeonato *m.* championship
canal *m.* channel

cansarse to get tired
cantante *m.* singer
cantidad *f.* quantity, amount
capítulo *m.* chapter
cara *f.* face
caray gosh
carrera *f.* major (in college), career
carretera *f.* highway
casarse to get married
cascada *f.* waterfall
católico Catholic
celular *m.* cellular phone
cementerio *m.* cemetery
cenar to eat supper
centígrado centigrade
centímetro *m.* centimeter
chavo *m.* boy, guy
chiflado spoiled
chisme *m.* gossip, bit of gossip
chiste *m.* joke (= **broma**)
chistoso funny (= **cómico**)
chocar to crash
cielo *m.* sky
cien por ciento one-hundred percent
cita *f.* appointment
ciudadano *m.* citizen
cliente *m. & f.* customer
cocinero *m.* cook
colegio *m.* K-12 school (= **escuela**)
comparado con compared to
compartir to share
compartarse to behave well
complicado complicated
comportamiento *m.* behavior
común common
con ganas with desire, enthusiasm
conejo *m.* rabbit
confianza *f.* confidence
consejo *m.* advice
consolar to console
contar to tell (a story)
convencer to convince
coqueta flirty
corazón *m.* heart
cortar con to break up with
costumbre *f.* custom, habit
crecer to grow
cruzar to cross
cuadra *f.* (street) block
cualquier any

cuenta *f.* bill
cuento *m.* story (= **historia**)
cuerda *f.* rope
cuidar to take care of
culpable guilty
cumpleañero *m.* birthday person
cumplir años to have a birthday
cuñado *m.* brother-in-law

darle la mano to shake someone's hand
darse cuenta de to realize
de costumbre usually, as usual
de hecho in fact
de hoy en adelante from today on
de repente suddenly
debido a due to
dedicado dedicated
dedo *m.* finger
dejar to leave
dejar de + inf. to stop doing something
demás rest, others
demasiado too much
deportivo pertaining to sports
derecho *m.* right
deprimido depressed
desafortunadamente unfortunately
desaparecer to disappear
descansar to rest
desconocido *m.* stranger; *adj.* unknown,
  unfamiliar
despedida *f.* farewell, good-bye
despegar to take off
despedirse to say good-bye
desventaja *f.* disadvantage
detenerse to stop
devolver (el estómago) to throw up
Día de los Reyes *m.* Epiphany, January 6
diario daily
dirigir to direct
disfrutar to enjoy
divertirse to have fun, enjoy one's self
doblaje *m.* dubbing
doblar to dub
dominar to dominate
duda *f.* doubt
dulce sweet
durante during
durar to last
duro hard, difficult

edad *f.* age

edificio *m.* building
emigrar to emigrate
emocionado excited
emocionante exciting
emplear to employ, use
empleo *m.* job
empeorar to worsen
en cambio on the other hand
en contra against
en fin in short
en venta on sale
enamorado in love
encargarse de to take charge of
enojado mad, angry
enseñar to show, teach
ensuciarse to get dirty
enterarse to find out
entero entire
entierro *m.* burial
entre between
entrenador *m.* coach
entusiasmado enthusiastic
envidia *f.* envy
equipaje *m.* baggage
equipo *m.* team
escolar pertaining to school
esfuerzo *m.* strength
estacionamiento *f.* parking, parking lot
estadounidense from the United States
este well, um
estresante stressful
estómago *m.* stomach
estrecho close, narrow
europeo *m.* European
evitar to avoid
exagerar to exaggerate
exigir to demand
éxito *m.* success
expectativa *f.* expectation
extendido extended
extranjero foreign
extrañar to miss
extrovertido extroverted, outgoing

facilidad *f.* ease
fallecer to pass away (= **morir**)
felicidades congratulations
fijarse en to pay attention to
familiar *m.* family member; *adj.* **familiar**
  pertaining to family
fantasma *m.* ghost

fiel faithful, loyal
fijarse to pay attention, to set
fíjate pay attention
final *m.* end
forma diminutiva *f.* diminutive form
frontera *f.* border
fronterizo pertaining to the border
fuera outside
fuerte strong, hard
futbolista *m. & f.* soccer player

ganga *f.* bargain
gastar to spend
gasto *m.* expense
gatear to crawl
gente *f.* people
gritar to shout
grito *m.* shout
guardar to store, put away
güero *m.* blonde (= **rubio**)
gusto *m.* pleasure

ha sido has been
habilidad *f.* ability
hacia toward
hada madrina *f.* Fairy Godmother
harina *f.* flour
helado *m.* ice cream
historia *f.* story (= **cuento**)
horario *m.* schedule
horno *m.* oven
hubiera sido would have been
humanidad *f.* humanity

idioma *m.* language (= **lengua**)
iglesia *f.* church
igualmente equally
imaginarse to imagine
impaciencia *f.* impatience
incómodo uncomfortable
inesperado unexpected
ingeniero *m.* engineer
ingreso *m.* income
inicial initial, first
injusto unjust, unfair
inmigrar to immigrate
inolvidable unforgettable
inscribirse to enroll
insistir en to insist on
integrarse to become a part of, fit in
intentar to try

intercambiar to exchange
intercambio *m.* exchange
invitado *m.* guest

jamás never (= **nunca**)
jefe *m.* boss
juntarse to get together
juntos together
justo just, fair

kilómetro *m.* kilometer
kínder *m.* kindergarten

lado *m.* side
lágrima *f.* tear
lastimar to hurt
lección *f.* lesson
lectura *f.* reading
lengua *f.* language (= **idioma**)
lento slow
licencia *f.* license
ligero light
llamada *f.* call
llave *f.* key
llavero *m.* key chain
llegada *f.* arrival
lleno full
llorar to cry
llevarse bien to get along well
los demás others
luces de bengala *f.* sparklers (fireworks)
luto *m.* mourning
lugar *m.* place

maduro mature
maestro *f.* teacher (= **profesor**)
maíz *m.* corn
maleta *f.* suitcase
manchar to stain
mandar to send, order
manejar to run
manera *f.* manner, way
manteca *f.* shortening or lard
mantener to maintain, keep
marca *f.* brand
materia *f.* school subject (= **asignatura**)
mayoría *f.* majority
medio *m.* middle
medir to measure
mejorar to improve

mentiroso *m.* liar
mesero *m.* waiter
meter un gol to score a goal
miedo *m.* fear
milla *f.* mile
misa *f.* Mass
misa de gallo *f.* Christmas Eve midnight mass
mismo same
mochila *f.* backpack
molestarle to bother someone
molesto irritated, bothered
moneda *f.* coin
monito *m.* plastic figure baked in the rosca de reyes
mono de nieve *m.* snowman
monstruo *m.* monster
morir to die (= **fallecer**)
mudarse to move, change residence
muebles *m.* furniture
multa *f.* fine

nacer to be born
natal relating to birth
navideño pertaining to Christmas
negocio *m.* business
nieto *m.* grandson, grandchild
niñez *f.* childhood
nivel *m.* level
norteño *m.* person from the north
notar to notice
noticias *f.* news
noviazgo *m.* romantic relationship, relationship between "novios"
nuera *f.* daughter-in-law

o sea in other words
odiar to hate
ofrecer to offer
ola *f.* wave
opinar to express an opinion
oponerse oppose
oprimir to press
oración *f.* sentence
orgulloso proud

palabrota *f.* bad word
padre *(adj.)* cool, neat
padrino *m.* godfather, godparent
panadería *f.* bakery

papi daddy
parecerle to seem to someone
parque acuático water park
particular private
pasajero *m.* passenger
Pascua Easter
pasa *f.* raisin
pasarlo a todo dar to have a great time
pasillo *m.* aisle
paso *m.* step
pastel *m.* cake
paz *f.* peace
pedazo *m.* piece
pegajoso sticky
pegar to hit
pelearse to fight
pena *f.* embarrassment
pensamiento *m.* thought
perdido lost
permiso *m.* permission
personaje *m.* character
pesadilla *f.* nightmare
pescar to catch
piscina *f.* swimming pool (= **alberca**)
pitar to honk
plática *f.* conversation, talk
platicar to talk, chat
platillo *m.* dish
pluma *f.* pen
poco a poco little by little
ponerle gorro to give someone a hard time
ponerse de acuerdo to agree
por fin at last
por lo menos at least
portarse to behave
portero *m.* goalie, goalkeeper
pospuesto postponed
predecir to predict
prelectura *f.* pre-reading
preocuparse to worry, get worried
preparativos *m.* preparations
promedio *m.* average, GPA
promesa *f.* promise
prepa(ratoria) *f.* high school
presentador *m.* TV host, news anchor
presentar to introduce
primaria *f.* elementary school
primer(o) first
princesa *f.* princess
principal main

principio *m.* beginning
promedio *m.* average
prometer to promise
pronóstico *m.* weather report
propina *f.* tip
propio own
próximo next
prueba *f.* test

¿qué onda? What's up?, What's going on?
quebrar to break (= **romper**)
quedarle to have remaining
quedarse to stay, remain
quemar to burn
quinceañera *f.* girl turning 15, party for the girl

rama *f.* (tree) branch
rato *m.* a little while
ratoncito *m.* little mouse
razón *f.* reason
realidad *f.* reality
rebanada *f.* slice
recámara *f.* bedroom
recién recent, new
reclamo de equipaje *m.* baggage claim
recoger to pick up
reconocer to recognize
recreo *m.* recess
recuerdo *m.* memory
red *f.* network
regalo *m.* gift
regañar to scold
regiomontano *m.* person from Monterrey
regla *f.* rule
regresar to return (= **volver**)
repasar to review
requerir to require
responsabilidad *f.* responsibility
resultado *m.* results
resultar to result, turn out
resumen *m.* summary
resumir to summarize
reunión *f.* get-together, meeting
reunirse to get together
reviser to check, to go over or through
Reyes Magos *m.* Three Kings, Wise Men, Magi
rico delicious, tasty (= **sabroso**)
risa *f.* laughter

romper(se) to break
rosca de reyes *f.* bread eaten for Día de los Reyes
ruido *m.* noise

sabor *m.* flavor
sabroso delicious, tasty (= **rico**)
sacerdote *m.* priest
salida *f.* exit, departure
salón *m.* classroom, large room for social activities
salón de belleza *m.* hair salon (beauty shop)
salud *f.* health
saludar to greet, say 'hi'
salvavidas *m.* lifeguard
sea lo que sea whatever it may be
secarse to dry one's self off
secundaria *f.* junior high, middle school
seguir to continue
según according to
seguir adelante to keep on going, move forward
sellar to stamp
sello *m.* stamp
semáforo *m.* traffic light
sencillo simple, easy
seña *f.* sign
señal *f.* signal
separado separated
siguiente following, next
sin without
sin fin *m.* endless
sino but, rather
smoking *m.* tuxedo
sobre todo especially
sobremesa *f.* after dinner conversation
soltar to turn loose of
sonar to ring
soñar to dream
sonreír to smile
sonrisa *f.* smile
sorprender to surprise
subirse to go up, climb
subtítulo *m.* subtitle
suburbia *m.* suburb
sueño *m.* sleepiness
suerte *f.* luck
sugerir to suggest
sustantivo *m.* noun

tal vez maybe, perhaps
tan so
tanto so much
taquería *f.* Mexican restaurant specializing in tacos
técnica *f.* technique
tema *m.* topic, theme
temer to fear
tener lugar to take place
tiempo *m.* quarter in sports games
tiempo completo full-time
tiempo parcial part-time
tiempo verbal *m.* verb tense
tierra *f.* land
tina *f.* bathtub, bucket
típico typical
toalla *f.* towel
tobogán *m.* water slide
tocarle to be one's turn
trabajador hard working
tradición *f.* tradition
traslado *m.* move, change of residence
tratar de to try to
tratarse de to be about
triufante triumphant

último last
unido united, close
universidad *f.* university
uña *f.* fingernail
usado used

vacío *m.* emptiness
valorar to value
vals *m.* waltz
velita *f.* little candle
velorio *m.* wake
ventaja *f.* advantage
ventana *f.* window
verbal pertaining to verbs
verdura *f.* vegetable
vestido *m.* dress
vidrio *m.* glass
vigilar watch over
vista *f.* view
volar to fly
volver to return (= **regresar**)
vuelos *m.* flight